el CURSO de español 1

Das Spanisch-Lehrwerk

Arbeitsbuch

von
Virgilio Borobio

Deutsche Bearbeitung:
Lourdes Gómez de Olea

LANGENSCHEIDT
Berlin · München · Wien · Zürich · New York

El Curso de Español 1 – Das Spanisch-Lehrwerk

Arbeitsbuch

Autor:
Virgilio Borobio, Madrid

Deutsche Bearbeitung:
Lourdes Gómez de Olea, Nürnberg

Beratende Mitarbeit:
Dagmar Dietz-Hertrich, Nürnberg
Bettina von Hauenschild, München
Bernhard Lechner, Nürnberg

Zeichnungen: Luis Rojas
Umschlaggestaltung: Elke Naumann, Sieglinde Lütke-Holz
Umschlagfoto: Robin Smith (tony stone)

Bestandteile

Lehrbuch	Best.-Nr. 49 240
2 Cassetten zum Lehrbuch	49 241
Arbeitsbuch	49 242
1 Cassette zum Arbeitsbuch	49 243
Lehrerhandreichungen	49 244

Umwelthinweis: Gedruckt auf chlorfrei gebleichtem Papier.

Auflage: 6.
Jahr: 2000 1999 | Letzte Zahlen maßgeblich

Druck: Druckhaus Langenscheidt, Berlin
Printed in Germany – ISBN 3-468-**49242**-1

Liebe Lernerin, lieber Lerner!

Dieses Arbeitsbuch ist für Ihr selbständiges Üben, Nacharbeiten und Wiederholen bestimmt, sei es im Unterricht oder zu Hause.

Die Übungen sind so angelegt, daß Sie sie ohne Hilfe des Kursleiters/der Kursleiterin oder der anderen Kursteilnehmer bewältigen können. Der beigefügte *Schlüssel* sagt Ihnen, ob Sie die Übungen richtig gelöst haben.

Die Übungen sind in bezug auf Themen, Grammatikstoff und Wortschatz auf die jeweiligen Lektionen des Lehrbuchs abgestimmt.
Sie umfassen Wortschatz- und Grammatikaufgaben, Diktate und Schreibübungen.
Die Arbeitsanweisungen sind in deutsch, um Mißverständnisse auszuschließen.
Es überwiegen, was die Übungsformen betrifft, Ergänzungsaufgaben, Zuordnungs- und Satzbauübungen unterschiedlicher Art, aufgelockert durch Rätsel und andere spielerische Aufgaben.

Die Übersicht auf S.144 sagt Ihnen, nach welchen Abschnitten des Lehrbuchs die Übungen des Arbeitsbuchs behandelt werden können.

Eine Besonderheit stellt die zu diesem Arbeitsbuch gehörige *Audiocassette* dar, die Ihnen die Möglichkeit bietet, das Verstehen von Hörtexten auch allein zu probieren. Versuchen Sie es ruhig – Sie werden überrascht sein, wie rasch sich ein Trainingseffekt einstellt. Die *Hörtexte des Lehrbuchs* sind im Anhang für Sie abgedruckt, damit Sie diese Texte im Falle einer versäumten Unterrichtsstunde zur Verfügung haben.

Den Abschluß bildet eine ausführliche, leicht verständliche *Grammatik*, in der der Stoff des ersten Bandes zusammengefaßt wurde.

Autoren und Verlag

Inhaltsverzeichnis

Übungsteil

Anhang

1 ¿Cómo se llama?

1 SATZBAUKASTEN

Formulieren Sie einen Dialog mit den Wörtern aus dem Kasten.

me	Yo	tú	Me
Luis		Hola	
	Hola		llamo
llamo	Marta	Y	

— ________ ________ ________. ¿________ ________?

● ________ ________ ________ ________.

— ¡________!

● ¡________!

2 *Buenos días, Buenas tardes* oder *Buenas noches*? **Schreiben Sie die richtige Begrüßung unter die Uhren.**

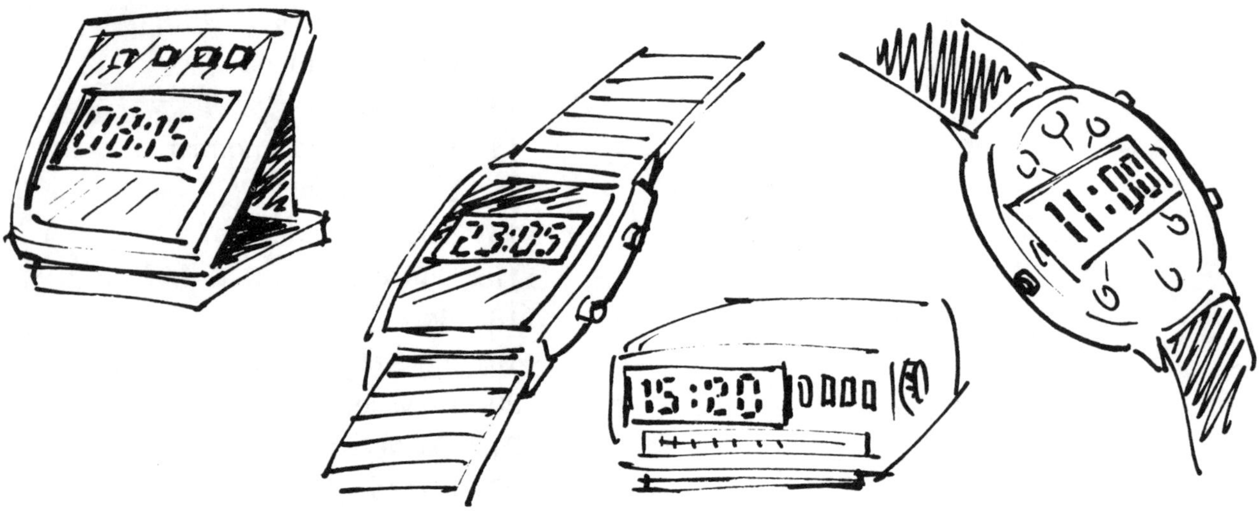

....

3 **Verbinden Sie die folgenden Satzteile sinnvoll miteinander.**

Él	me llamo Irene.
Yo	se llama Pedro.
Tú	se llama Carmen.
Ella	te llamas Carlos.
Usted	se llama Marta Moreno.

4 **Schreiben Sie die Buchstaben auf, die Sie hören.**

b- a- r ....

....

....

....

....

....

5 **Schreiben Sie die folgenden Sätze in die entsprechenden Sprechblasen.**

	¿Está bien así?		¿Cómo se escribe?	
Sí	No entiendo.		¿Puedes repetir, por favor?	No

6 **Setzen Sie die fehlenden Vokale ein: a, e, i, o oder u?**

c_n_	m_s_ _	_d_ _'s
t_l_f_n_	r_st_ _r_nt_	p_s_p_rt_

7 **Buchstabieren Sie die folgenden Wörter. Hören Sie dann zu und vergleichen Sie.**

hotel bien apellido aeropuerto

8 **Was würden Sie in den folgenden Situationen sagen bzw. fragen?**

1. Der Name des spanischen Regierungschefs ist Ihnen entfallen, und Sie möchten ihn gerne wissen.
2. Sie wollen sich von einem Freund, den Sie am nächsten Tag wiedersehen, verabschieden.
3. Sie möchten gerne wissen, wie man „quiosco" schreibt.
4. Sie möchten sich vergewissern, ob eine Sache, die Sie gemacht haben, richtig ist.
5. Sie kennen den Namen Ihrer Nachbarin/Ihres Nachbarn nicht, würden ihn aber gerne erfahren.
6. Sie wollen um 10.00 Uhr morgens eine Freundin (Charo) begrüßen.

2 ¿De dónde es?

1 SOPA DE LETRAS – Buchstabensalat

a) Es gilt, zehn Nationalitätsadjektive zu finden, und zwar für folgende Länder:

Japón	Inglaterra	Suiza	Holanda	México
Alemania	Suecia	Francia	Italia	Argentina

B	A	R	G	E	N	T	I	N	O
J	A	P	O	N	E	S	T	U	R
H	X	I	R	U	F	X	A	G	M
O	D	F	O	J	R	Y	L	R	E
L	A	L	E	M	A	N	I	O	X
A	M	O	V	I	N	E	A	P	I
N	O	S	U	E	C	A	N	E	C
D	I	N	G	L	E	S	A	F	A
E	H	Q	Y	H	S	O	C	U	N
S	J	O	S	U	I	Z	A	D	A

b) Schreiben Sie nun die männliche und die weibliche Form der gefundenen Adjektive auf.

	MÄNNLICH	WEIBLICH		MÄNNLICH	WEIBLICH
1.	holandés	holandesa	6.		
2.			7.		
3.			8.		
4.			9.		
5.			10.		

2 Setzen Sie die passenden Nationalitätsadjektive ein.

1. Carlos es ____________ (España)
2. Maria es ____________ (Italia)
3. Gabriel es ____________ (Colombia)
4. Ana es ____________ (Argentina)
5. Peter es ____________ (Alemania)
6. Elizabeth es ____________ (Inglaterra)
7. Annick es ____________ (Francia)
8. Bernd es ____________ (Suiza)

3 **SATZBAUKASTEN: Vervollständigen Sie den Dialog.**

está	escribe	bien	dice	Más

—¿Cómo se __________ «auf Wiedersehen» en español?
- «Adiós».

—¿Cómo se __________?
- A - d - i...

—__________ despacio, por favor.
- A - d - i - ó - s.

—¿Está __________ así?
- A ver... sí, __________ bien.

4 **SATZBAUKASTEN: Bilden Sie drei Fragen.**

dónde	Cómo	lenguas
te	Qué	llamas
es	hablas	De

Beantworten Sie jetzt die Fragen.

1. ______________________________
2. ______________________________
3. ______________________________

5 **CRUCIGRAMA – Kreuzworträtsel**

Schreiben Sie die angegebenen Zahlen aus.

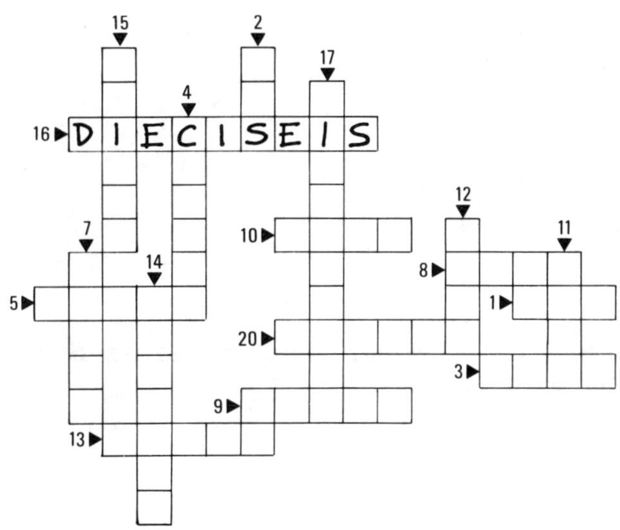

6 **BUSCA EL INTRUSO – Was gehört nicht dazu?**

Portugal   Colombia   francés   Estados Unidos   Egipto
bar   cine   restaurante   dieciséis   hotel
lee   escucha   pregunta   escribe   italiano

7 **An welche Länder denken Sie bei diesen Wörtern?**

1. Macarrones ______
2. Vodka ______
3. Kárate ______
4. Samba ______
5. Jazz ______
6. Tequila ______
7. Rock and Roll ______
8. Club ______
9. Chocolate ______
10. Champán ______

8 **Ordnen Sie die folgenden Fragen und Antworten einander richtig zu. Es bleiben einige Antworten übrig!**

1. ¿Qué lenguas hablas?
2. ¿Es italiana?
3. ¿Cómo te llamas?
4. ¿De dónde es ella?
5. ¿Está bien así?
6. ¿De dónde eres?

a. Se habla francés.
b. Soy Miguel.
c. Alemán y francés.
d. De Francfort.
e. Me llamo Carmen.
f. Te llamas Carmen.
g. Sí, de Roma.
h. Es argentina, de Buenos Aires.
i. Sí, está bien.

9 **Bilden Sie Fragen nach folgendem Modell:**

Buenos días / francés.

¿Cómo se dice «buenos días» en francés?

1. Buenos días / francés.
2. Adiós / italiano.
3. Hola / inglés.
4. Buenas tardes / japonés.
5. Sí / holandés.
6. Gracias / sueco.
7. Hasta mañana / árabe.
8. No sé / portugués.

10 **Schreiben Sie in der Ich-Form alles über Ihre Person auf, was Sie schon auf spanisch ausdrücken können:**

1. wie Sie heißen
2. welche Staatsangehörigkeit Sie haben
3. aus welcher Stadt Sie kommen
4. welche Sprache(n) Sie sprechen
5. welche Sprachen (nicht mehr als zwei!) Sie nicht sprechen (auf spanisch: nicht „wissen").

11 **Kennen Sie bereits weitere Wörter, die mit Spanien oder Lateinamerika zu tun haben? Schreiben Sie sie auf.**

Información personal

1 a) **Suchen Sie aus den Kleinanzeigen jeweils eine Berufsbezeichnung heraus und schreiben Sie sie auf.**

A. _ _ _ _ _ _ (4)

C. _ _ _ _ _ _ _ _ _ _ _ (6, 9)

E. _ _ _ _ _ _ _ _ (1, 8)

B. _ _ _ _ _ _ _ _ _ _ (2, 10)

D. _ _ _ _ _ _ _ _ (3, 5)

F. _ _ _ _ _ _ _ _ _ (7)

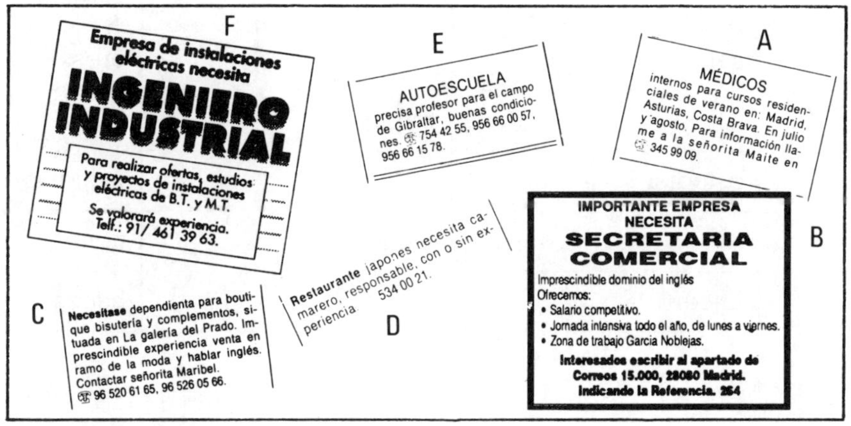

b) **Die mit Ziffern gekennzeichneten Buchstaben ergeben, in die richtige Reihenfolge gebracht, wieder eine Berufsbezeichnung. Welche?**

1 2 3 4 5 6 7 8 9 10

2 a) **Hier haben Sie weitere bedeutende Persönlichkeiten. Ordnen Sie die Namen und die Bezeichnungen einander zu.**

Premio Nóbel de la Paz 1993	Paco de Lucía
Escritor y político	Maradona
Presidente de Cuba	Juan Carlos
Escritora chilena	Mario Vargas Llosa
Rey de España	Isabel Allende
Famoso guitarrista español	Federico García Lorca
Futbolista argentino	Fidel Castro
Poeta español	Rigoberta Menchú

b) **Fallen Ihnen noch andere Persönlichkeiten aus Spanien und Lateinamerika ein?**

3 **Welche Zahlwörter fehlen?**

15 33	catorce
88	setenta y ocho
96	treinta y tres
50	veintiuno
21	dieciocho
18	noventa y seis
49	cien
13	ochenta y ocho
67	cincuenta
78	....
100	....
12	....
14	....
	....

4 **Schreiben Sie die angegebenen Zahlen in Worten aus. Die Buchstaben in den markierten Kästchen ergeben eine weitere Zahl. Welche?**

9, 11, 30, 15, 4, 32, 6, 31, 12, 7, 70

5 Ergänzen Sie die fehlenden Verbformen.

	yo	tú	él/ella/usted
ser		eres	
	trabajo		trabaja
estudiar		estudias	estudia
	tengo	tienes	
hacer		haces	
	vivo		vive

6 Wo beginnt ein neues Wort?

1. ¿Cómotellamas? → ....
2. ¿Dedóndeeres? → ....
3. ¿Quéhace? → ....
4. ¿Dóndevives? → ....
5. ¿Quénúmerodeteléfonotiene? → ....

7 SATZBAUKASTEN: Bilden Sie durch Kombinieren aus den folgenden drei Kästchen so viele Sätze wie möglich.

Soy Trabaja Hablo Estudia Vive	en de Ø	Filosofía inglés y un poco de francés Bolivia un restaurante la calle Churruca periodista

8 a) Vervollständigen Sie den Dialog.

en	yo	colombiana	soy	vivo	de

—Tú eres sudamericana, ¿verdad?
• Sí, soy ______
—¿De Bogotá?
• No, ______ Medellín.
—Yo soy catalán, pero ______ en Madrid.
• ¡Ah...!
—¿Qué haces? ¿Estudias o trabajas?
• Trabajo ______ un hospital, ______ médica.
—Pues ______ estudio Psicología.

b) Hören Sie jetzt zu. War alles richtig?

9 **Stellen Sie sinnvolle Verbindungen zwischen den Wörtern auf der linken und auf der rechten Seite her.**

la foto de Julio Iglesias

la calle	Julio Iglesias
la avenida	hospital
la dirección	Silvia
el teléfono	Galileo
la foto	teléfono
el apellido	compañera
el nombre	Policía
el número	Libertad
el camarero	restaurante

10 **Hier stimmt nichts!**
Protestieren Sie, verneinen Sie, stellen Sie klar!

Usted estudia árabe en la Universidad Popular.
No, no estudio árabe, estudio español.

1. El famoso guitarrista español se llama Pablo Casals.
2. Su compañero de clase es colombiano.
3. Usted habla chino.
4. Julio Iglesias vive en Alemania.

11 ***El, la, un* oder *una?***
Setzen Sie die passenden Artikel in die Lücken des folgenden Textes. Es handelt sich dabei um

a) allgemeine Feststellungen:

1. .... médico trabaja en .... hospital
2. .... profesora trabaja en .... escuela.
3. .... camarero trabaja en .... bar o en .... restaurante.

b) bestimmte Personen und Einrichtungen:

4. Javier estudia arquitectura en .... Escuela de Bellas Artes.
5. .... profesora de español es de Zaragoza.
6. Usted estudia español en .... Universidad Popular de X o en .... Escuela Y.

12 **Finden Sie die passenden Fragepronomen heraus.**

1. ¿________ vive Iñaki?
   En Madrid.
2. ¿________ número vive?
   En el número 42.
3. ¿________ es el estudiante de física?
   ¡Pedro!
4. ¿________ trabaja la secretaria?
   En una oficina.
5. ¿________ hace Marta López?
   Trabaja en un hospital.
6. ¿________ es el teléfono de Radio-Taxi?
   El 4 28 41 46.
7. ¿________ número de teléfono tienes?
   No tengo teléfono.
8. ¿________ eres?
   Soy argentina, de Buenos Aires.
9. ¿________ calle vives?
   En la calle Buenos Aires.
10. ¿________ es tu código postal?
   El 90 429.

13 **Es geht um Sie: Sie möchten von einer neuen Bekannten, einer Mexikanerin, unbedingt angerufen oder besucht werden. Machen Sie alle dazu nötigen Angaben. Phantasie ist erlaubt, aber bitte in ganzen Sätzen.**

Ihr Name: ____________________

Ihr Wohnort und Ihre genaue Anschrift:

____

Ihre Telefonnummer: ____________________

Ihr Beruf: ____________________

Ihre Arbeitsstätte: ____________________

Die Telefonnummer Ihrer Arbeitsstätte:

____

¿Tú o usted?

1 a) Zwei Dialoge sind durcheinandergeraten. Finden Sie heraus, welche Sätze zu welchem Dialog gehören. Der Anfang ist jeweils angegeben.

Muy bien, gracias. ¿Y usted?
(2.) ¡Hola, Gloria! ¿Qué tal?
Encantado.
¡Hola!
Mucho gusto.
Muy bien. Mira, éste es Julio, un compañero de clase. Y ésta, Cristina, una amiga.
Bien también. Mire, le presento a la señora Gómez. El señor Sáez.
(1.) Buenos días. ¿Qué tal está, señor Pérez?
¡Hola!

b) Schreiben Sie nun die Dialoge in der richtigen Reihenfolge auf.

1

Buenos días. ¿Qué tal está, señor Pérez?

....

....

....

....

2

¡Hola, Gloria! ¿Qué tal?

....

....

....

....

....

2 Wo steht *el* oder *la*, wo nicht? Ergänzen Sie entsprechend.

1. Buenas tardes, ____ señor Coll.
2. ¿____ señorita Díaz, por favor?
3. ¿Qué tal, ____ señor Tejedor?
4. Perdone, ¿es usted ____ señor Urrutia?
5. Mire, le presento a ____ señora Ugarte.
6. Buenos días. Soy ____ señor Villanueva.
7. Hasta mañana, ____ señora Castaños.

3 Was würden Sie in den folgenden Situationen sagen?

1. Sie suchen Frau Torres.
2. Sie verabschieden sich von Herrn Montes.
3. Sie grüßen Herrn Sánchez.
4. Sie suchen Fräulein Montero.
5. Sie stellen Carlos und María einander vor.
6. Sie begrüßen Herrn Barrera.
7. Sie machen Herrn Sagasta und Frau Hermosilla miteinander bekannt.

4 a) Formell (*usted*) oder informell (*tú*)?

1. ¿Qué tal estás? (tú)
2. ¿Es estudiante?
3. ¿Qué estudias?
4. Es holandés, ¿verdad?
5. ¿Dónde trabaja?
6. ¿Qué lenguas hablas?
7. Vives en Bilbao, ¿no?

b) **Ergänzen Sie die fehlenden Sätze.**

Tú	Usted
¿Qué tal estás?	....
....	¿Es estudiante?
¿Qué estudias?	....
....	Es holandés, ¿verdad?
....	¿Dónde trabaja?
¿Qué lenguas hablas?	....
Vives en Bilbao, ¿no?	....

5 ***a, al, a la*** **oder** ***de, del, de la*****?**
Hier ist alles durcheinandergeraten. Versuchen Sie, Ordnung hineinzubringen!

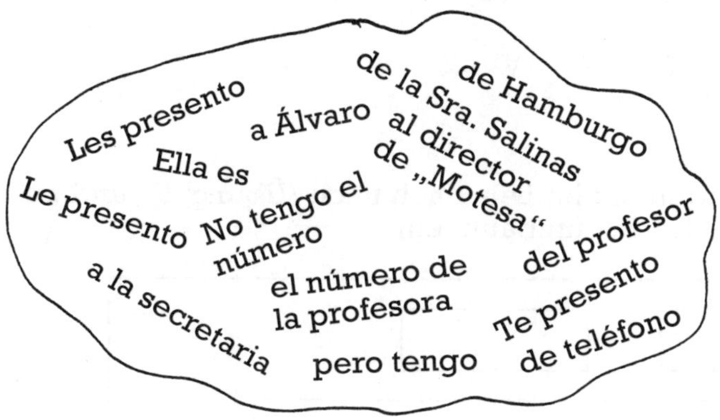

1. Te presento a Álvaro.
2. ....
3. ....
4. ....
5. ....

6 **Fragen Sie nach den Personen.**

El señor Oliva.
¿El señor Oliva, por favor?

1. El señor Oliva.
2. La Srta. Rubio.
3. La Sra. Martínez.
4. El Sr. Murillo.
5. La Srta. Castro.
6. El Sr. Lago.
7. La Sra. Navarro.

7 **CRUCIGRAMA – Kreuzworträtsel**

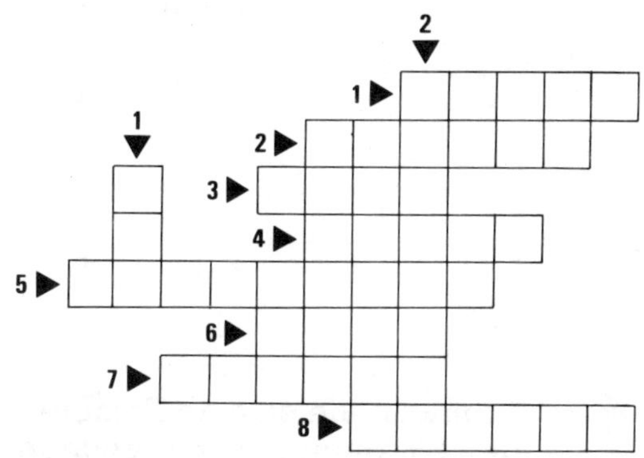

palabras horizontales (waagerecht):

1. ¿El señor Almeida, por _____ ? – 2. Usted es holandés, ¿ _____ ? – 3. ¿Qué tal _____ , señorita Montes? – 4. ¿ _____ trabajas? – 5. Marisol trabaja en un _____ , es periodista. – 6. ¿Cómo se _____ «ciao» en español? – 7. ¿Qué número de teléfono _____ ? – 8. ¡Hasta _____ !

palabras verticales (senkrecht):

1. ¿ _____ lenguas hablas? – 2. Isabelle es _____ , de París.

8 a) **Hören Sie zu. Kreuzen Sie an, welche Sätze Sie hören.**

1. Es italiano. ☐
   ¿Es italiano? ☐
2. Es profesor de Física. ☐
   ¿Es profesor de Física? ☐
3. Vive en Argentina. ☐
   ¿Vive en Argentina? ☐
4. Estudia Medicina. ☐
   ¿Estudia Medicina? ☐
5. Trabaja en un restaurante. ☐
   ¿Trabaja en un restaurante? ☐

b) **Schreiben Sie zu jedem Satz, den Sie gehört haben, eine Antwort oder eine Frage auf.**

5 Mi familia

1 SOPA DE LETRAS – Buchstabensalat

Suchen Sie die weibliche Form zu folgenden Wörtern:

tío abuelo hijo padre marido sobrino nieto hermano

O	C	L	I	S	R	M	A
H	E	R	M	A	N	A	P
I	K	D	U	V	O	D	N
J	E	Ñ	J	T	U	R	I
A	B	U	E	L	A	E	E
D	I	X	R	P	T	B	T
N	S	O	B	R	I	N	A
U	F	D	E	C	A	Y	V

2 Erinnern Sie sich an Familie Chicote? Schlagen Sie im Lehrbuch nach (Übung 1), und tragen Sie dann die entsprechenden Namen in den Stammbaum ein.

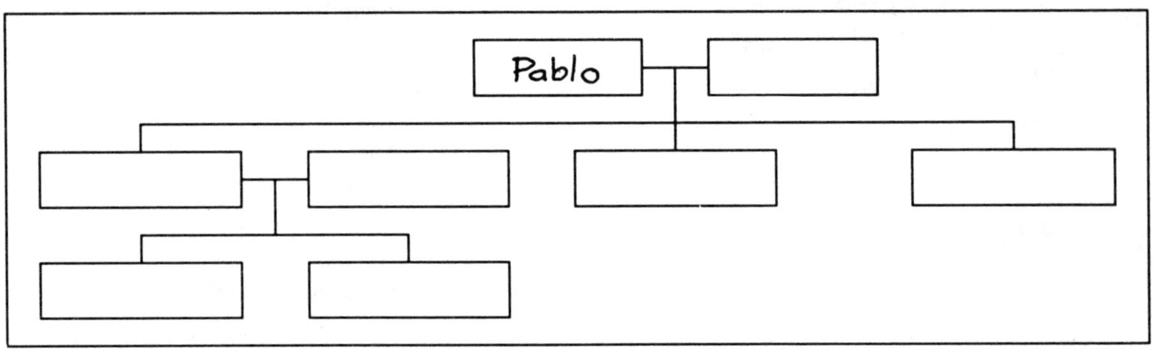

3 Zeichnen Sie Ihren Familienstammbaum. Schreiben Sie unter die Namen Ihrer Angehörigen die entsprechenden spanischen Verwandtschaftsbezeichnungen!

4

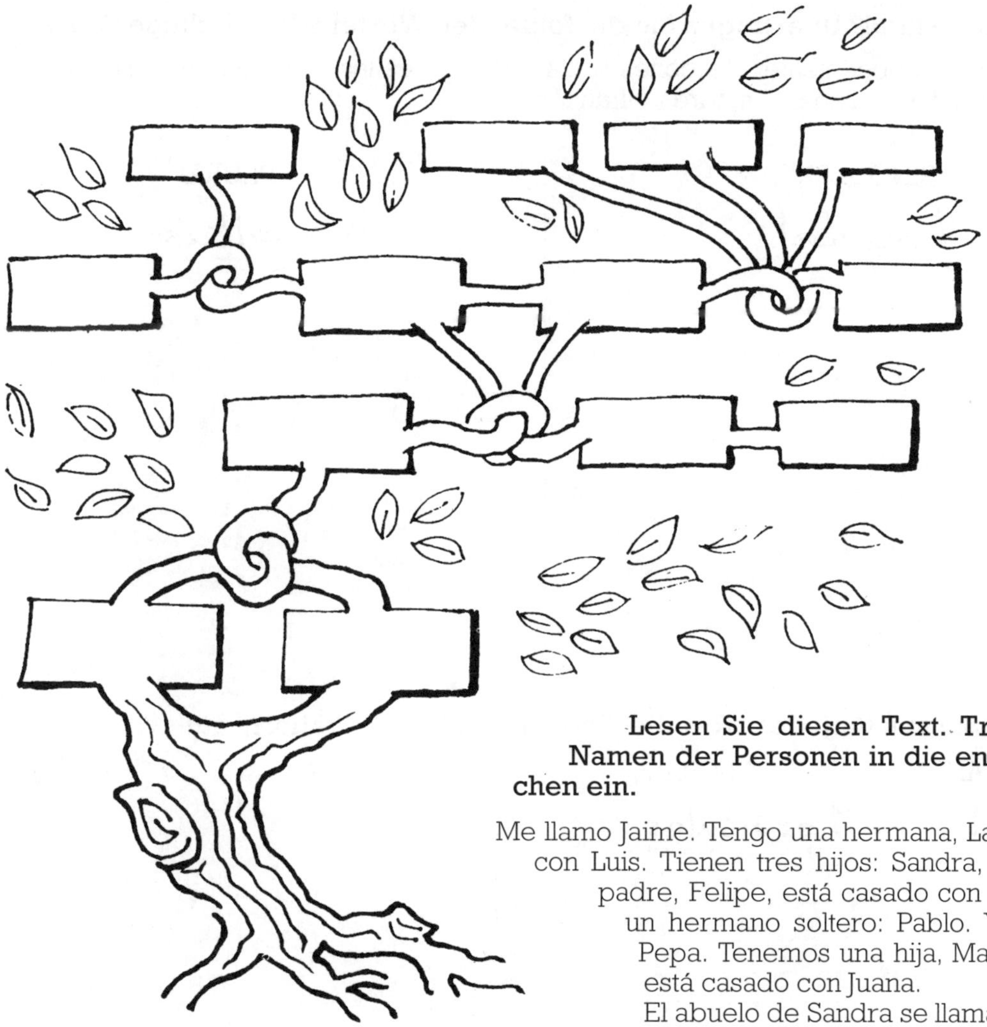

Lesen Sie diesen Text. Tragen Sie dann die Namen der Personen in die entsprechenden Kästchen ein.

Me llamo Jaime. Tengo una hermana, Laura, que está casada con Luis. Tienen tres hijos: Sandra, Miguel y Carlos. Mi padre, Felipe, está casado con Montserrat que tiene un hermano soltero: Pablo. Yo estoy casado con Pepa. Tenemos una hija, Maite. Mi abuelo, Jorge, está casado con Juana.

El abuelo de Sandra se llama __________ .

5 **Lesen Sie die folgende Pressemeldung. Schreiben Sie dann sechs Sätze über Rodolfo auf.**

> Agencia ELE
>
> Rodolfo Parra, médico chileno de 38 años, casado y padre de cuatro hijos, fue confundido y entrevistado ayer en el aeropuerto de Barajas por varios periodistas que esperaban la llegada del cantante Pacho Vega. Alto, moreno y de extraordinario parecido físico con el mencionado artista, Rodolfo respondió gustoso a todas las preguntas y confesó que ninguna de sus anteriores visitas a Madrid había despertado tanto interés.

1. Rodolfo es médico.
2. ....
3. ....
4. ....
5. ....
6. ....

6 **a) Vervollständigen Sie die Fragen mit den entsprechenden Fragepronomen.**

dónde qué cómo quién cuántos

1. ¿A ________ te dedicas?
2. ¿________ años tiene tu hijo?
3. ¿________ vive tu hermana?
4. ¿________ es éste?
5. ¿________ se llama tu madre?
6. ¿________ hijos tienes?
7. ¿A ________ se dedica tu padre?

b) Welche dieser Antworten gehören zu welchen Fragen in Übung 6a?

A. Veinticinco. 2
B. En Madrid. ________
C. Es ingeniero. ________
D. Dos, un hijo y una hija. ________
E. Mi hermano mayor. ________
F. Estudio Sociología. ________
G. Lucía. ________

7 a) **Singular oder Plural? Übertragen Sie die folgenden Wörter in die richtige Tabelle.**

hospital altas dependiente japonés tía bar calles delgado alemanas joven restaurantes hijos madre francés

SINGULAR	PLURAL
hospital	altas

b) **Schreiben Sie nun für jedes Wort die Singular- und die Pluralform auf.**

	SINGULAR	PLURAL		SINGULAR	PLURAL
1.	hospital	hospitales	8.		
2.			9.		
3.			10.		
4.			11.		
5.			12.		
6.			13.		
7.			14.		

8 **Lesen Sie die Dialoge und unterstreichen Sie die richtige Verbform.**

1. —¿Cuántos años **tiene/tienen** tu sobrina?
   - Cinco.
2. —¿**Está/Están** casadas tus hermanas?
   - La mayor, sí; la pequeña, no.
3. —Tus padres **es/son** bastante jóvenes, ¿no?
   - Bueno, **tiene/tienen** más de cincuenta años ya.
4. —¿Dónde **vive/viven** tus abuelos?
   - En Valencia.
5. — Tu hermano **habla/hablan** inglés y árabe, ¿verdad?
   - Sí, y sueco también.
6. —¿**Tienes/Tenéis** hijos?
   - Sí, tenemos una hija de dos años.
7. —¿**Trabaja/Trabajan** tus padres?
   - No, **está/están** jubilados.

9 **Bilden sie mindestens acht Sätze mit den folgenden Elementen.**
Achtung: Die Verben sind in die richtige Verbform zu setzen!

Nosotros	trabajar	en un bar
Ustedes	tener	hijos
Luis y Eva	ser	solteros
Mi marido y yo	estar	bien
Vosotros	vivir	en París
Carlos	estudiar	Psicología

10 **Ergänzen Sie die fehlenden Verbformen.**

	nosotros/- as	vosotros/- as	ellos/ellas/ustedes
ser		sois	
	estamos		están
hablar			hablan
	hacemos	hacéis	
		estudiáis	estudian
tener	tenemos		tienen
	vivimos	vivís	

11 ROMPECABEZAS – Kopfnuß

Der letzte Buchstabe eines jeden Wortes ist jeweils der Anfangsbuchstabe des folgenden Wortes.

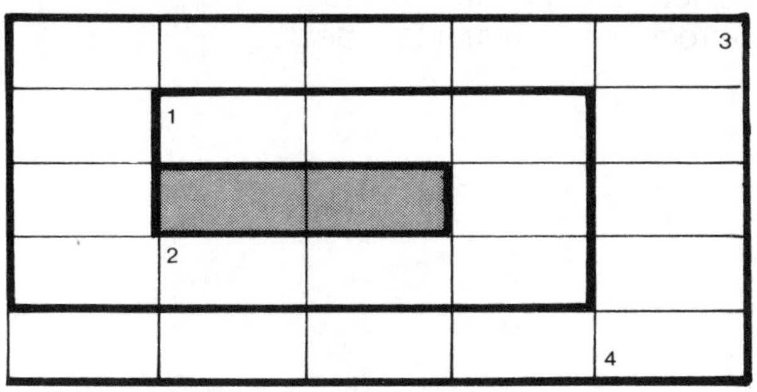

1. Lo contrario de (*das Gegenteil von*) „viejos"
2. Lo contrario de „antipática"
3. Lo contrario de „bajos"
4. El masculino de „seria"

12 **a) Hören Sie zu und passen Sie auf, wie die folgenden Fragen gebildet werden.**

(Tú)
¿A qué te dedicas?
Rosa.
¿A qué se dedica Rosa?

b) Bilden Sie nun Fragen.

1. (Tú).
2. Rosa.
3. (Usted).
4. Tus padres.
5. (Ustedes).
6. Tu hermano.

13 DICTADO – Diktat

Hören Sie zuerst in Ruhe jeden Satz an. Wiederholen Sie ihn dann leise, und schreiben Sie ihn anschließend auf.

1. (3 Wörter) ¿quién es éste? ....
2. (4 Wörter) ....
3. (3 Wörter) ....
4. (4 Wörter) ....
5. (6 Wörter) ....
6. (4 Wörter) ....

14 **Schlagen Sie im Lehrbuch Lektion 5 auf. Suchen Sie alle schwer auszusprechenden Wörter heraus und notieren Sie sie.**

Versuchen Sie jetzt, diese Wörter korrekt auszusprechen.

1 CRUCIGRAMA – Kreuzworträtsel

Wissen sie noch, wie diese Gegenstände auf spanisch heißen?

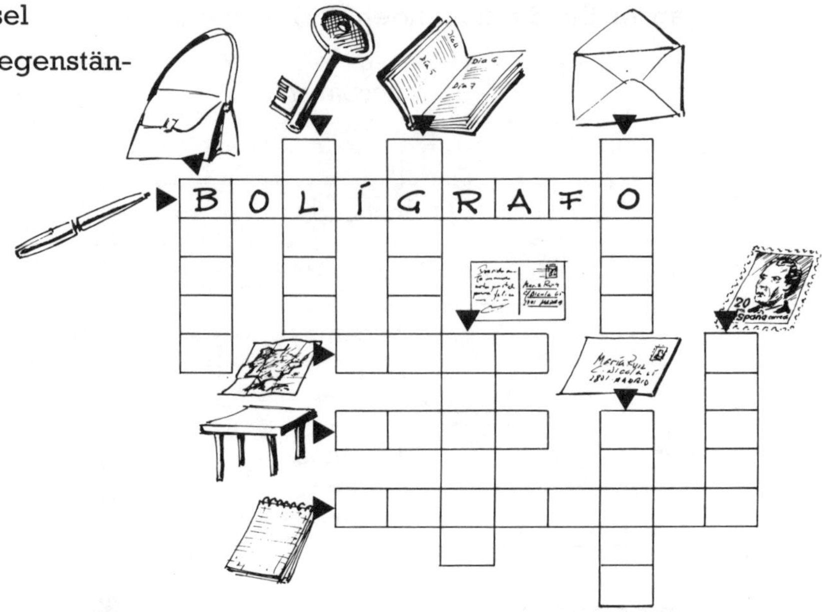

2 Ergänzen Sie die fehlenden Zahlwörter.

2345	ciento veintitrés
	dos mil trescientos cuarenta y cinco
5678	tres mil cuatrocientos cincuenta y seis
123	....
3456	....
7890	....
6789	....
8950	....
4567	....

3

a) Wie müssen diese Fragen richtig lauten?

1. ¿es la Cuál moneda Argentina de?

   ....

2. ¿desea Qué?

   ....

3. ¿mapas Tienen?

   ....

4. ¿ése ver Puedo verde?

   ....

5. ¿bolso este cuesta Cuánto?

   ....

b) Ordnen Sie den Fragen von 3a die richtigen Antworten zu.

A. Cuatro mil quinientas pesetas. 5

B El peso argentino. ____

C Sí. Mire, tenemos todos éstos. ____

D Un bolígrafo azul. ____

E ¿Éste? ____

4 Fragen Sie nach dem Preis wie im Beispiel angegeben.

Bolígrafo.

¿Cuánto cuesta este bolígrafo?

1. Bolígrafo.
2. Cuaderno.
3. Postal.
4. Sobres.
5. Mapa.
6. Gafas.
7. Agenda.
8. Reloj.

5 ÁRBOL DE LETRAS – Buchstabenbaum

Bilden Sie mit diesen Buchstaben 12 Wörter. Denken Sie dabei an:

- Länder
- Staatsangehörigkeiten
- Verwandtschaftsbeziehungen
- Adjektive, die das Aussehen beschreiben
- Farben
- Gegenstände

1. ....
2. ....
3. ....
4. ....
5. ....
6. ....
7. ....
8. ....
9. ....
10. ....
11. ....
12. ....

6 Stellen Sie sich vor, Sie sind mit Bekannten in einem spanischsprachigen Land. Da Sie als einzige/r über Spanischkenntnisse verfügen, werden Sie gebeten, beim Ausstellen von Schecks behilflich zu sein.
Wie würden Sie dabei folgende Zahlen in Worten und natürlich auf spanisch schreiben?

4.000 ptas ....

25.000 ptas ....

3.452 pesos ....

6.715 pesos ....

977 $ ....

Mi pueblo o mi ciudad

1 **Welches Wort paßt nicht in die Reihe?**

a – famosa tranquila bonito playa pequeño
b – ¿qué? ¿cuántos? abuela ¿cómo? ¿dónde?
c – hermana sobrino hija tío río
d – ingeniero puerto catedral parque museo
e – sobre serio cuaderno periódico agenda

Die Anfangsbuchstaben der „falschen" Wörter ergeben, der Reihe nach gelesen, den Namen einer europäischen Hauptstadt:

....

2 ***Es* oder *está*? Ergänzen Sie mit dem richtigen Verb.**

1. Mi sobrina pequeña ____ muy inteligente.
2. Soy de un pueblo que ____ muy famoso por sus fiestas.
3. —¿Quién ____ ese señor?
   • Un amigo de mi padre.
4. Mi pueblo ____ en la costa mediterránea, cerca de Valencia.
5. Salamanca ____ una ciudad antigua y muy bonita.
6. —Esa chica ____ la hermana de Eva, ¿verdad?
   • Sí.
7. —¿A qué se dedica Marta?
   • ____ enfermera.

3 **Hier ist *en* oder *de* zu ergänzen:**

1. Zaragoza está bastante lejos ____ Barcelona, a 300 kilómetros.
2. Santander está ____ el Norte de España, ¿no?
3. Managua es la capital ____ Nicaragua.
4. ¿Granada está ____ Andalucía?
5. Toledo está al Sur ____ Madrid, a unos 80 kilómetros.
6. Salamanca está muy cerca ____ Portugal, ¿verdad?
7. Tú no eres ____ Sevilla, ¿verdad?
8. ¿El Museo del Prado está ____ Madrid o ____ Barcelona?
9. Es una ciudad muy bonita que está ____ la costa y tiene una playa preciosa.
10. ¿Dónde están las Islas Canarias? ¿____ el Mediterráneo o ____ el Atlántico?

4 **Schreiben Sie die Einwohnerzahlen der sechs größten spanischen Städte in Ziffern.**

1. Madrid tiene tres millones ciento ocho mil cuatrocientos sesenta y tres habitantes.

   Madrid: 3, 108.463

2. Barcelona tiene un millón setecientos doce mil trescientos cincuenta habitantes.

   ....

3. Valencia tiene setecientos cuarenta y nueve mil quinientos setenta y cuatro habitantes.

   ....

4. Sevilla tiene seiscientos sesenta y nueve mil novecientos setenta y seis habitantes.

   ....

5. Zaragoza tiene quinientos ochenta y seis mil quinientos setenta y cuatro habitantes.

   ....

6. Málaga tiene quinientos cincuenta y cinco mil quinientos dieciocho habitantes.

   ....

Quelle: Anuario EL PAÍS, 1991.

5 **Sie haben eine Liste mit Stichwörtern für ein Quiz über Spanien vorliegen. Formulieren Sie vollständige Fragen.**

Madrid / habitantes / cuántos
¿Cuántos habitantes tiene Madrid?

1. España / capital / cuál
2. Sevilla / dónde
3. La Mancha / famosa / por qué
4. La Rioja / famosa / por qué
5. Alicante / dónde
6. Toledo / cómo
7. Ciudades turísticas / España / cuáles

6 *Muy* oder *mucho*?
Setzen Sie das Passende ein.

1. Toledo es una ciudad ________ bonita, ________ turística y ________ famosa.
2. Tiene ________ monumentos históricos.
3. Barcelona no está ________ lejos de Francia.
4. Es ________ grande y tiene ________ monumentos y museos famosos.
5. En Toledo hay ________ estilos artísticos y culturas diferentes.

7 **Bilden Sie Sätze nach folgendem Muster:**

Ciudad/pequeña.

Es una ciudad muy pequeña, ¿verdad?

1. Ciudad/pequeña.
2. Playa/bonita.
3. Museo/moderno.
4. Río/famoso.
5. Catedral/antigua.
6. Parque/tranquilo.

8 **Notieren Sie vier deutsche Wörter oder Ausdrücke, die Sie oft verwenden, wenn Sie Ihre Stadt/Ihr Dorf beschreiben, deren spanische Bedeutung Sie aber nicht kennen. Finden Sie heraus, wie sie auf spanisch lauten, und schreiben Sie sie auf.**

....

....

....

....

9 **Schreiben Sie jetzt einen kurzen Text über einen Ort (Stadt oder Dorf), der Ihnen besonders gut gefällt. Benutzen Sie das Wörterbuch!**

Mi casa y mi habitación

1 SOPA DE LETRAS – Buchstabensalat

Finden Sie weitere Bezeichnungen für Möbel? Es sind insgesamt noch sechs im Quadrat versteckt.

S	U	B	E	S	I	L	L	A	D
I	C	T	R	O	V	E	K	H	E
L	P	E	V	F	A	Z	U	C	I
L	A	R	M	A	R	I	O	Ñ	C
O	X	A	B	F	A	G	L	E	A
N	U	R	O	P	Y	B	U	L	M
E	S	T	A	N	T	E	R	I	A
Q	I	L	H	U	S	F	U	P	G
O	R	M	E	S	I	L	L	A	Y

2 Wo steht was?
Schreiben Sie die Wörter aus Übung 1 und die folgenden Wörter in die entsprechende Spalte. Manche Gegenstände gibt es in mehreren Räumen.

lavadora *lavabo* *cocina de gas* *televisión*
ducha *frigorífico* *bañera*

COCINA	DORMITORIO	BAÑO	SALÓN
lavadora	cama		

3 Finden Sie die acht Gegensatzpaare? (vier Wörter bleiben übrig!)

interior pequeña nueva tranquila feo moderna inteligente grande antigua
ancha barato delgado caro famosa bonito vieja estrecha gracioso
exterior gordo

1. interior ≠ exterior
2. ....
3. ....
4. ....
5. ....
6. ....
7. ....
8. ....

4 Ergänzen Sie *es, tiene* oder *da*. Verwenden Sie große Anfangsbuchstaben, wo es erforderlich ist.

«Mi piso _____ bastante grande. _____ cuatro habitaciones, salón, cocina y baño. También _____ dos terrazas, pero muy pequeñas. _____ bastante antiguo y muy bonito. Además, _____ a una plaza muy tranquila y _____ mucha luz. Lo malo es que _____ un cuarto piso y no _____ ascensor.»

5 Beschreiben Sie Ihre Traumwohnung. Anschließend setzen Sie eine Anzeige auf, um diese Wohnung zu finden!

Mi casa ideal es ....

....

....

....

....

6 **Bilden Sie Sätze wie im Beispiel gezeigt und schreiben Sie sie auf. Achten Sie dabei auf das richtige Verb.**

		muy bonita
El piso		muy tranquila
El sofá		muy barato
La calle	es	mucha luz
La lámpara	tiene	muy luminoso
La ciudad		mucho tráfico
La habitación		muy cómodo
		muy grande

7 **a) Hier sehen Sie Familie Campos bei einem Ausflug aufs Land. Sehen Sie sich die Zeichnung an. Welche Aussagen treffen zu?**

	V	F
1. La madre está entre el padre y el abuelo.		
2. El perro y el niño están a la derecha del árbol.		
3. La abuela está detrás del abuelo.		
4. El niño está al lado del árbol.		
5. El perro está debajo del periódico.		
6. La niña está a la izquierda del balón.		

b) Ersetzen Sie falsche Aussagen durch zutreffende.

....

....

....

8 **Diese beiden Zeichnungen unterscheiden sich in fünf Details. Schreiben Sie sie auf.**

1. El niño está al lado del sofá. El niño está al lado de la mesa.
2. ....
3. ....
4. ....
5. ....

9 Bilden Sie Fragen.

Calefacción.

¿Tiene calefacción tu piso?

1. Calefacción.
2. Aire acondicionado.
3. Teléfono.
4. Ascensor.
5. Terraza.

10 Bilden Sie Sätze.

Bolso / al lado / sofá.

El bolso está al lado del sofá.

1. Bolso / al lado / sofá.
2. Gafas / encima / televisión.
3. Teléfono / izquierda / puerta.
4. Llaves / en / bolso.
5. Sellos / debajo / sobres.
6. Periódico / en / suelo.

11 Geben Sie ein Verkaufsinserat für die folgende Wohnung auf:

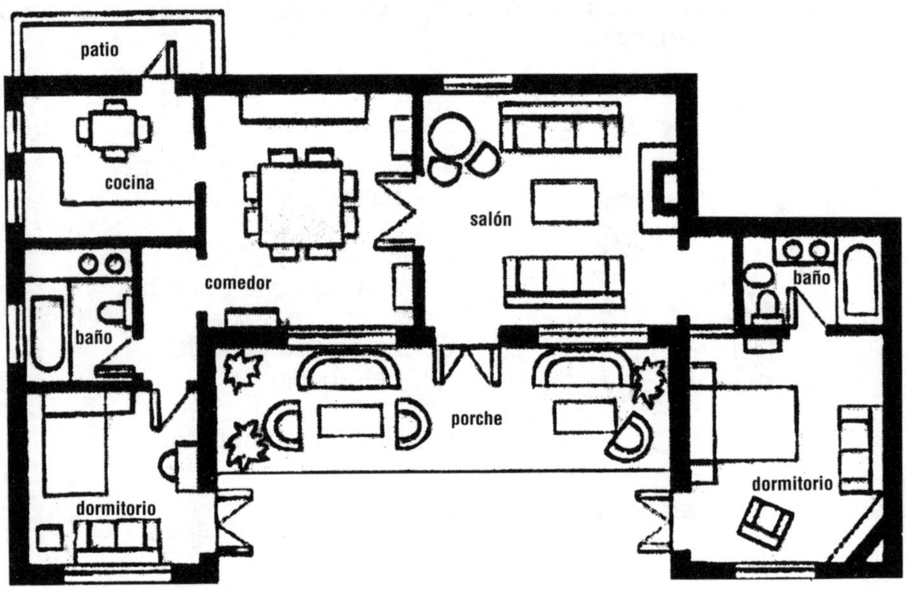

1 **Diese Wörter bezeichnen öffentliche Einrichtungen, aber leider fehlen die Konsonanten. Wie lauten die Wörter richtig?**

1. __u__eo ....
2. __a__ __a__ia ....
3. e__ __a__ió__ __e __e__ __o ....
4. a__a__ __a__ie__ __o ....
5. __a __a __a __e au__o__ú__ ....
6. __a__é ....
7. e__ __a__ __o ....
8. __i__e ....

2 **Ergänzen Sie mit *hay* oder *está*.**

1. —¿La calle Olivar _____ por aquí?
   • Sí, es la segunda a la derecha.
2. —Oiga, perdone, ¿_____ un estanco por aquí cerca?
   • Sí, _____ uno al final de esta calle, a la izquierda.
3. —Perdona, ¿sabes dónde _____ el Cine Avenida?
   • Sí, mira, detrás de ese supermercado.
4. —¿Sabe si _____ una farmacia por aquí cerca?
   • Sí, en esta misma calle, a unos cinco minutos.
5. —Oye, perdona, el Museo Románico _____ cerca de aquí, ¿verdad?
   • Sí, en la calle siguiente.
6. —Oiga, perdone, ¿sabe dónde _____ la plaza de la Cebada?
   • Lo siento, pero no soy de aquí.

3 **Setzen Sie *el* oder *la* bzw. *un, una* oder *uno* ein.**

¿_____ calle Atocha, por favor?
¿La calle Atocha, por favor?

1. —¿Sabes dónde hay _____ estanco?
   • Sí, mira, hay _____ enfrente de ese quiosco.
2. _____ Banco Exterior está por aquí, ¿verdad?
3. —Oye, perdona, ¿sabes dónde hay _____ parada de autobús?
   • Sí, en la siguiente calle hay _____ .
4. ¿_____ Plaza Real está por aquí?
5. Perdone, ¿sabe dónde está _____ Teatro Romea?
6. Perdona, ¿_____ Café Central está por aquí?
7. —Oiga, perdone, ¿hay _____ aparcamiento por aquí cerca?
   • Sí, hay _____ en esta misma calle, un poco más adelante.

4 **a) An wen richten sich diese Wegbeschreibungen usted: *tú* oder *usted*?**

1. Cruce la plaza de los Claveles. usted
2. Sigue todo recto. ....
3. Coja la primera a la derecha. ....
4. Oye, perdona, ¿el paseo Rosales está por aquí? ....
5. Gire la segunda a la izquierda. ....
6. ¿Sabe dónde hay una cabina de teléfonos? ....

b) **Ergänzen Sie die Listen mit den richtigen Imperativformen.**

Tú	Usted
....	Cruce la plaza de los Claveles.
Sigue todo recto.	....
....	Coja la primera a la derecha.
Oye, perdona, ¿el paseo de Rosales está por aquí?	....
....	Gire la segunda a la izquierda.
....	¿Sabe dónde hay una cabina de teléfono?

5 Geben Sie anhand des Stadtplanes die richtigen Wegbeschreibungen.

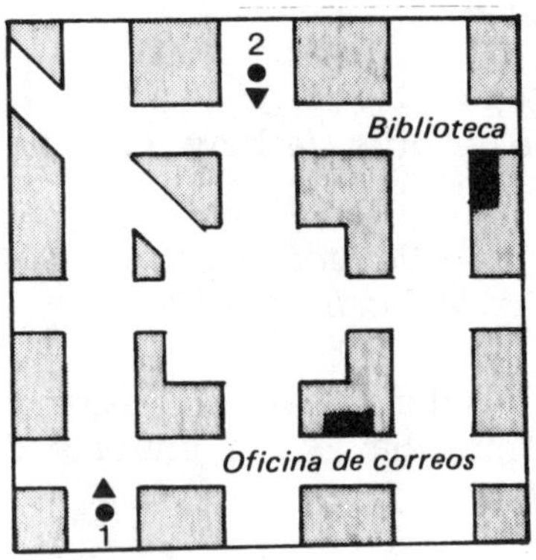

1.
—Perdona, ¿sabes dónde está la Biblioteca Municipal?
● ....
....
....

2.
—Oiga, perdone, ¿sabe si hay una oficina de Correos por aquí cerca?
● ....
....
....

6 Schaffen Sie es, mit den Zahlen 1, 5 und 3 sechs Zeitangaben zu bilden? Schreiben Sie sie in Worten.

1.53	Las dos menos siete.
....	....
....	....
....	....
....	....
....	....

7 a) **Ordnen Sie diese Zeichnungen den entsprechenden Dialogen zu!**

1. —Perdona, ¿tienes hora?
   ● Sí, son las cuatro y diez.
   —Gracias.
2. —Perdone, ¿tiene hora?
   ● No, no llevo reloj. Lo siento.
3. —¿Qué hora es?
   ● Las doce y media.
   —¡Qué tarde!

1. ....
2. ....
3. ....

b) **Hören Sie zu und überprüfen Sie.**

8 ¿VERDADERO O FALSO? Richtig oder falsch?

a)

	V	F
1. Una semana tiene siete días.		
2. Hoy es martes.		
3. Mañana es jueves.		
4. Una hora tiene sesenta segundos.		
5. Un día tiene mil cuatrocientos cuarenta minutos.		
6. Una semana tiene ciento sesenta y ocho horas.		
7. El miércoles es un día del fin de semana.		

b) Ersetzen Sie die falschen Aussagen durch richtige.

9

a) Beachten Sie die beiden folgenden Fragemodelle.

1. – (Un supermercado)
   Oiga, perdone, ¿hay un supermercado por aquí cerca?
2. – (La avenida de América)
   Oiga, perdone, ¿la avenida de América está por aquí?

b) Und nun fragen Sie:

1. Un supermercado.
2. La avenida de América.
3. El parque de la Ciudadela.
4. Un hotel.
5. Un restaurante.
6. El Museo del Prado.
7. El Banco Hispanoamericano.
8. Un cine.
9. El Teatro de la Comedia.
10. Una farmacia.

10

a) Beachten Sie die beiden folgenden Fragemodelle:

1. – (Abrir/los supermercados)
   ¿A qué hora abren los supermercados?
2. – (Cerrar/los bancos)
   ¿A qué hora cierran los bancos?

b) Und nun fragen Sie:

1. Abrir / supermercados.
2. Cerrar / los bancos.
3. Abrir / las tiendas.
4. Cerrar / los grandes almacenes.
5. Abrir / las oficinas de Correos.
6. Cerrar / los restaurantes.

11

Sie können jetzt Öffnungszeiten usw. auf spanisch verstehen. Aber könnten Sie z. B. einer Freundin die wichtigsten Informationen (Adresse, U-Bahn-Station, Öffnungszeiten ...) über ein deutsches Museum mitteilen? Üben Sie!

RÖMISCH-GERMANISCHES MUSEUM

Roncalliplatz 4, 50667 Köln,
Telefon 2 21-23 04, 2 21-44 38 und 2 21-45 90.
Geöffnet dienstags bis freitags 10.00 bis 16.00 Uhr,
samstags und sonntags 11.00 Uhr bis 16.00 Uhr
Führungen: sonntags 11.30 Uhr.
U-Bahn: Dom/Hauptbahnhof.

El museo romano-germánico
está

1 SOPA DE LETRAS – Buchstabensalat

Finden Sie sieben weitere Wörter zum Thema Freizeit und Hobbys.

S	R	O	L	E	E	R	P	Y
M	A	Q	E	S	G	Y	A	L
E	F	L	B	Ñ	U	O	M	X
A	V	U	I	C	A	P	U	F
T	E	A	T	R	O	H	S	O
E	K	E	I	B	N	V	I	Q
N	U	X	G	C	O	J	C	U
I	T	O	B	A	I	L	A	R
S	H	Ñ	E	P	C	I	N	E

2 *Gusta* oder *gustan*?

1. ¿Te ______ tu trabajo?
2. ¿Te ______ salir los domingos por la tarde?
3. ¿Te ______ las novelas policíacas?
4. ¿Te ______ esta ciudad?
5. ¿Te ______ jugar al tenis?
6. ¿Te ______ las películas de ciencia-ficción?
7. ¿Te ______ los coches?
8. ¿Te ______ bailar salsa?
9. ¿Te ______ las clases de español?
10. ¿Qué tipo de música te ______?
11. ¿Te ______ trabajar con música?

3 Drei Freunde sprechen über ihre Vorlieben. Wer mag was? Ergänzen Sie anhand der Kärtchen.

NOMBRE: Óscar

LE GUSTA: el rock, ver la televisión, el cine, el tenis.

NO LE GUSTA: leer, el teatro.

NOMBRE: Marta

LE GUSTA: leer, el cine, el rock.

NO LE GUSTA: ver la televisión, el teatro, el tenis.

NOMBRE: Rosa

LE GUSTA: leer, el cine, el teatro.

NO LE GUSTA: el rock, el tenis, ver la televisión.

1. Marta: ¿Te gusta ver la televisión?
   Óscar: Sí, ¿y a ti?
   Marta: A mí no.

2. Rosa: ¿Te gusta el cine?
   Marta: ......
   Rosa: ......

3. Rosa: ¿Te gusta leer?
   Óscar: ......
   Rosa: ......

4. Marta: ¿Te gusta el tenis?
   Rosa: ......
   Marta: ......

5. Óscar: ¿Te gusta el rock?
   Rosa: ......
   Óscar: ......

6. Óscar: ¿Te gusta el teatro?
   Marta: ......
   Óscar: ......

4 **Wie sollten diese Sätze richtig lauten?**

1. ¿al jugar gusta tenis Te?
   ¿Te gusta jugar al tenis?
2. nada nos esquiar No gusta.
   ....
3. ¿la pop Os música gusta?
   ....
4. nos A los encantan gatos nosotros.
   ....
5. me no el A rock mí nada gusta.
   ....
6. padres bailar mis encanta les A.
   ....
7. ¿clásica gusta Le música la?
   ....
8. gusta mi televisión le abuelo mucho A la.
   ....

5 **Denken Sie an einige Freunde oder Verwandte, die ganz andere Vorlieben haben als Sie, und schreiben Sie darüber.**

A mi primo Paco le gusta mucho la televisión pero a mí no me gusta nada.
....
....
....

6 **Bilden Sie Fragen nach folgendem Muster:**

El cine / el teatro.

¿Qué te gusta más, el cine o el teatro?

1. El cine / el teatro.
2. El español / el inglés.
3. Leer periódicos / revistas.
4. El tenis / el esquí.
5. Escuchar cintas de música / de español.
6. Leer / ver la televisión.

7 **Bilden Sie Sätze nach folgendem Muster:**

A Pepe / (gustar) mucho / las películas francesas.

A Pepe le gustan mucho las películas francesas.

1. A Pepe / (gustar) mucho / las películas francesas.
2. A nosotros / no (gustar) nada / los ordenadores.
3. A Irene / (encantar) / las discotecas.
4. A Susana y a Enrique / no (gustar) / el flamenco.
5. A Pilar / no (gustar) nada / las novelas policíacas.
6. A Pedro y a Juliana / (encantar) / ir a su pueblo.

8 **Haben Sie Hobbys oder Freizeitbeschäftigungen, die in dieser Lektion nicht vorkommen? Finden Sie heraus, wie man sie auf spanisch nennt, und bilden Sie damit Sätze.**

11 Un día normal

1 **Fügen Sie die notwendigen Vokale ein, und Sie erhalten zehn Verben (im Infinitiv).**

1. cmr	....	6. dsynr	....
2. vlvr	....	7. cnr	....
3. mpzr	....	8. cstrs	....
4. r	....	9. trmnr	....
5. lvntrs	....	10. trbjr	....

2 **Ergänzen Sie nun die zwei Spalten mit den Verben aus der Übung 1. (Denken Sie dabei an das Präsens!)**

regelmäßig	unregelmäßig
comer	Volver

3 **In jedem der folgenden Sätze fehlt ein Wort. Schreiben Sie die vollständigen Sätze auf.**

1. ¿A qué hora levantas? ....
2. ¿Desayunas casa? ....
3. ¿Trabajas cerca casa? ....
4. ¿A qué hora empiezas trabajar? ....
5. ¿Trabajas la tarde? ....
6. ¿Acuestas muy tarde? ....
7. ¿A qué hora terminas trabajar? ....

4 **Bilden Sie Sätze, indem Sie Wörter der drei Spalten kombinieren.**

Siempre →	duermes	a las tres
Todos los días	almuerza →	al teatro
A veces	desayuno	a la ópera
Por las mañanas	voy	elegante
Los martes	me visto	mucho sueño
Los sábados	tengo	muy tarde
Todo el día	se acuesta	muchas cosas
Por la noche	hago	en un café
	salgo de casa	la siesta
	te levantas	
	empiezo a comer	
	vuelve de clase	

1. Siempre ....
2. ....
3. ....
4. ....
5. ....
6. ....
7. ....
8. ....

5 Ergänzen Sie diesen Text.

Elisa es enfermera, _______ en un hospital. _______ levanta a las siete menos cuarto y empieza _______ trabajar a las ocho. Todos los días _______ a la una y media en el restaurante del hospital con algunos compañeros de trabajo. _______ de trabajar a las cinco en punto y después _______ a clase de inglés. Luego _______ a casa y _______ con su familia. Normalmente se _______ bastante pronto, sobre las once.

6 Lesen Sie noch einmal Elisas Antworten und vervollständigen Sie das Interview.

Tú: ¿A qué te dedicas?
Elisa: Trabajo en un hospital, soy enfermera.
Tú: ....
Elisa: A las 6.45 de la mañana.
Tú: ....
Elisa: A las 8 h.
Tú: ....
Elisa: En el restaurante del hospital.
Tú: ....
Elisa: A las 5 de la tarde.
Tú: ....
Elisa: Voy a clase de inglés.
Tú: ....
Elisa: En casa.
Tú: ....
Elisa: No, sobre las 11 de la noche.

7 Stellen Sie Fragen, wie im Beispiel angegeben.

Hora / empezar a trabajar.
¿A qué hora empiezas a trabajar?

1. Hora / empezar a trabajar.
2. Hora / empezar a levantarse.
3. Hora / empezar a cenar.
4. Hora / terminar de trabajar.
5. Hora / acostarse.
6. Hora / comer.

8 DIKTAT: Hören Sie zunächst jeden Satz, ohne zu schreiben. Wiederholen Sie ihn. Dann hören und schreiben Sie.

1. (3 Wörter) ....
2. (7 Wörter) ....
3. (4 Wörter) ....
4. (6 Wörter) ....
5. (4 Wörter) ....
6. (5 Wörter) ....

9 Ergänzen Sie die Sätze mit den entsprechenden Fragewörtern.

1. ¿ _______ vive la Sra. López? En el cuarto piso.
2. ¿ _______ estás? Muy bien, gracias.
3. ¿ _______ hora es? Son las ocho en punto.
4. ¿ _______ hora te acuestas normalmente? Sobre las doce.
5. ¿ _______ vuelves de Lima? En septiembre.
6. ¿ _______ haces todo el día? Trabajo en una fábrica.
7. ¿ _______ se llama su madre? Carmen.
8. ¿ _______ hermanos tienes? Dos.
9. ¿ _______ es este señor? Un compañero de trabajo.
10. ¿ _______ están mis gafas? En la mesa.

10 Wie sieht bei Ihnen ein ganz normaler Tag aus? Schreiben Sie es auf!

Por la mañana me levanto sobre las ...
....
....
....
....
....
....

El fin de semana

1 **Verbinden Sie Wörter aus den drei Spalten, so daß 12 Ausdrücke entstehen. Schreiben Sie diese dann auf.**

hacer escuchar jugar ver comer ir	la al de Ø	campo tenis compras televisión copas limpieza fútbol compra deporte cine radio fuera

1. ....
2. ....
3. ....
4. ....
5. ....
6. ....
7. ....
8. ....
9. ....
10. ....
11. ....
12. ....

2 **Füllen Sie die vier Spalten mit den Wörtern aus dem Kasten.**

viernes comer nunca esquiar acostarse domingo
a veces desayunar pasear normalmente jueves
ir a conciertos a menudo cenar lunes ir al teatro
siempre ver exposiciones levantarse miércoles

Actividades de tiempo libre	Días de la semana	Cosas que hacemos todos los días	Adverbios de frecuencia
....	....	....	....
....	....	....	....
....	....	....	....
....	....	....	....

3 a) **Pili und Manolo ...**

Vervollständigen Sie diesen Text mit Hilfe der rechts angegebenen Wörter.

Pili y Manolo,
maestra y abogado.
28 y 30 años.

"Pues el domingo es un día muy tranquilo. Normalmente, nos levantamos bastante tarde. Después, salimos a comprar el periódico y nos damos una vuelta o vamos a ver alguna ________ Siempre ________ el vermú fuera y luego comemos en algún ________ ________ o con nuestras familias. Por la tarde, siempre nos quedamos en casa y escuchamos ________ o vemos alguna película en el ________ o en la televisión. A veces vienen algunos amigos nuestros a pasar la tarde con nosotros, pero no ________ ________ nunca, pues no nos gusta nada el ambiente de los domingos por la tarde".

música
salimos
vídeo
exposición
tomamos
restaurante

b) **Suchen Sie im Text nach den Wörtern und Ausdrücken mit folgenden Bedeutungen:**

beber – dar un paseo – aperitivo

c) **Unterstreichen Sie alle Wörter, die Häufigkeit ausdrücken.**

4 **Was machen Pili und Manolo (Übung 3) an Sonntagen? Schreiben Sie sieben Sätze auf.**

1. Se levantan bastante tarde.
2. ....
3. ....
4. ....
5. ....
6. ....
7. ....
8. ....

5 **In jedem Satz fehlt eine Präposition: *a, en, de* oder *por*. Ergänzen Sie sie!**

1. Tú vas ______ muchos conciertos, ¿verdad?
2. ¿Qué haces los sábados ______ la tarde?
3. ¿A qué hora vuelves ______ casa normalmente?
4. Tú te quedas ______ Madrid muchos fines de semana, ¿no?
5. Mi hermana pequeña va mucho ______ bailar.
6. Normalmente salgo ______ casa bastante pronto.
7. ¡Mi marido se levanta a las seis ______ la mañana todos los días!

6 **Benutzen Sie die angegebenen Elemente, um vollständige Fragen zu bilden. (Einige Wörter müssen Sie zusätzlich einfügen!)**

1. ¿Acostarse (vosotros) / muy tarde / domingos?
   ¿Os acostáis muy tarde los domingos?
2. Sábados / levantarse (nosotros) / bastante tarde.
   ....
3. ¿Ver (vosotros) / mucho / televisión?
   ....
4. ¿Gustar (a vosotros) / montar / bicicleta?
   ....
5. ¿Cuándo / hacer (vosotros) / compra?
   ....
6. Mis padres / levantarse / bastante pronto.
   ....
7. ¿Trabajar (ustedes) / fines / semana?
   ....
8. Ana y Pepe / hacer / mucho deporte / fines / semana.
   ....
9. ¿Gustar (a ustedes) / esquiar?
   ....
10. ¿Salir (vosotros) / mucho?
    ....
11. ¿Cuándo / ir (nosotros) / a Caracas / dormir (nosotros) / en casa de María?
    ....
12. ¿Cuándo / salir (vosotros) / por las noches / divertirse (vosotros) / mucho?
    ....
13. Nunca / venir (vosotros) / a nuestra casa / ni / llamar (vosotros) / por teléfono.
    ....

7 **Wiederholen Sie, wie im Beispiel angegeben.**

Todos los sábados / cenar fuera.
Todos los sábados cenamos fuera.

1. Todos los sabados / cenar fuera.
2. A veces / ir al teatro.
3. Todos los domingos / comer en casa.
4. Nunca / ir al cine.
5. Jugar al fútbol / a menudo.
6. Todos los fines de semana / hacer deporte.
7. Nunca / jugar al tenis.
8. Siempre / acostarse tarde.

8 **Wie stellen Sie sich den Alltag einer berühmten Persönlichkeit vor? (z. B. *el Papa, un cantante de ópera, una tenista*). Schreiben Sie auf und benutzen Sie dabei mindestens vier der folgenden Häufigkeitsausdrücke:**

siempre, a menudo, a veces, nunca, todos los días, el sábado, normalmente

Nehmen Sie ruhig das Wörterbuch zu Hilfe.

1 ÁRBOL DE LETRAS – Buchstabenbaum

Finden Sie sechs Berufsbezeichnungen und fünf Verkehrsmittel, die sich mit folgenden Buchstaben bilden lassen:

Profesiones	Medios de transporte
1.	1. ....
2.	2. ....
3.	3. ....
4.	4. ....
5.	5. ....
6.	

2

Denken Sie an verschiedene Arbeitsstätten und an entsprechende Berufe. Bilden Sie dann ähnliche Sätze, wie im Beispiel angegeben.

1. Un camarero trabaja en un bar o en un restaurante.
2. ....
3. ....
4. ....
5. ....
6. ....

3 LOGELEI: Wer ist wer?

Lesen Sie die sieben Aussagen und füllen sie die Tabelle aus.

1. La peluquera va a trabajar en Metro.
2. Helena trabaja en una escuela.
3. La azafata no va a trabajar en autobús.
4. Begoña trabaja en una peluquería.
5. Lola no es maestra.
6. Una de las tres trabaja en un avión.
7. Helena no va al trabajo en coche.

NOMBRE	PROFESIÓN	LUGAR DE TRABAJO	MEDIO DE TRANSPORTE

4

Einige Informationen über Pilar ...
Schreiben Sie vollständige Sätze.

1. Ir a clase de inglés (martes y jueves).
   Va a clase de inglés dos días a la semana.
2. Visitar a su familia (los sábados).
   ....
3. Hacer gimnasia (a las 8 y a las 23 h.).
   ....
4. Hacer los deberes (lunes, martes, miércoles, jueves y viernes).
   ....
5. Cambiar de trabajo (1988, 1990, 1992 ...).
   ....
6. Ir al cine (miércoles y sábado).
   ....
7. Coger vacaciones (julio).
   ....

5 **In den folgenden Texten geht es um drei Frauen. Welche der im Kästchen angegebenen Berufe üben sie aus?**

cantante	profesora de universidad	
dependienta	médica	maestra
escritora	ama de casa	taxista

1. Juana empieza a trabajar a las 9 h. y termina a las 17 h. Los fines de semana no trabaja. Siempre come en su trabajo y en verano tiene más de dos meses de vacaciones. Tiene un trabajo muy interesante y muy útil para la sociedad. Le gustan mucho los niños.
2. Ángela trabaja de 9.30 a 14 h. y de 16.30 a 20 h. Sólo tiene un día libre a la semana, el domingo. Tiene un mes de vacaciones al año. Es muy moderna y muy simpática. Le gusta mucho hablar con la gente.
3. Nuria trabaja en casa. No tiene un horario fijo y muchos días trabaja por la noche. En algunas épocas trabaja mucho y en otras, nada. Lo que más le gusta de su trabajo es que no tiene jefe. ¡Ah! Su trabajo es muy intelectual.

1. Juana es ....
2. ....
3. ....

6 **Gonzalo González erzählt von einem ganz normalen Arbeitstag. Ergänzen Sie seinen Text.**

« ______ días me levanto muy temprano, ______ las cinco ______ la mañana. Después ______ ducharme y desayunar, salgo ______ casa ______ las seis menos cuarto. Voy ______ trabajo ______ metro pero vuelvo ______ pie, porque quiero andar un poco y el trabajo no está muy ______ de mi casa; tardo sólo quince minutos ______ llegar. Trabajo todo ______ día en el metro: arreglo escaleras mecánicas, ascensores, máquinas .... Una vez ______ la semana trabajo ______, al aire libre. Al mediodía como ______ mis compañeros ______ trabajo ______ un restaurante muy barato pero muy bueno. Hablamos ______ política, ______ mujeres, de todo.... ______ las tardes vuelvo ______ trabajar ______ la una y acabo ______ las cuatro y las cinco.______ las noches estoy muy cansado y muchas veces me quedo ______ casa. Así es mi día normal de trabajo. Muchos fines ______ semana salgo ______ campo.»

7 **Hören Sie und stellen Sie Fragen, wie im Beispielsatz angegeben.**

¿Horas / trabajar / día?

¿Cuántas horas trabajas al día?

1. ¿Horas / trabajar / día?
2. ¿Horas / trabajar / semana?
3. ¿Días libres / tener / semana?
4. ¿Vacaciones / tener / año?

8 **DICTADO – Diktat**
Hören Sie zunächst jeden Satz aufmerksam an, ohne ihn zu schreiben. Wiederholen Sie still, was Sie hören. Dann schreiben Sie alle Sätze auf.

1. (5 Wörter) ....
2. (5 Wörter) ....
3. (10 Wörter) ....
4. (5 Wörter) ....
5. (4 Wörter) ....
6. (2 Wörter) ....

9 **Schreiben Sie in die Kästchen einige Berufe,**
– die Ihnen besonders gefallen,
– die Ihnen gar nicht gefallen.
Helfen Sie sich mit Ihrem Wörterbuch!

Ha sido un día normal

1 **Lang oder kurz? Sortieren Sie die Zeitangaben nach der Dauer. Fangen Sie mit der kürzesten Zeitspanne an.**

mes minuto trimestre día año segundo semestre semana siglo hora

1. segundo ....
2. ....
3. ....
4. ....
5. ....
6. ....
7. ....
8. ....
9. ....
10. ....

2 **Setzen Sie die fehlenden Verbformen ein.**

INFINITIV	PRÄSENS (1. Pers. Sing.)	PARTIZIP
empezar		
	leo	
		comido
hacer		
	vuelvo	
escribir		
	veo	
encontrar		
		dormido

3 **a) Was haben diese drei Personen heute gemacht? Verwandeln Sie die kurzen Angaben aus den drei Kästchen in vollständige Sätze.**

A	B	C
7:00 levantarse	7:00 levantarse	8:30 levantarse
7:30 autobús	7:30 coche	9:00 coche
8:00 ir a la tienda	8:00 llegar a la consulta	9:30 llegar a la obra
12:30 comer	12:30 comer	13:00 comer
15:30 vender mucho	14:00 atender a pacientes	16:00 ir al estudio
18:00 cerrar	18:05 volver a casa	19:00 volver a casa
		20:00 preparar un proyecto

b) Wer von den drei Personen hat welchen Tagesablauf gehabt?

María – arquitecta A ☐ B ☐ C ☐
Pedro – médico A ☐ B ☐ C ☐
Juan – vendedor A ☐ B ☐ C ☐

4 **Was machen Sie öfter? Schreiben Sie ganze Sätze wie im Beispiel angegeben.**

1. Todos los días / levantarse / ocho / hoy / levantarse / nueve.

   Todos los días me levanto a las 8, pero hoy me he levantado a las 9.

2. Normalmente / venir / coche / hoy / venir / Metro.

   ....

3. Todas las semanas / escribir / muchas cartas / ésta sólo / escribir / una.

   ....

4. Siempre / volver / pronto / casa / hoy / volver / tarde.

   ....

5. Todos los días / hacer / muchas cosas / hoy / no hacer / nada.

   ....

6. Todos los días / empezar / trabajar nueve / hoy / empezar / diez.

   ....

7. Todas las semanas / ver / varias películas / ésta sólo / ver / una

---

5 **Hören Sie zu und schreiben Sie mindestens fünf Sätze darüber, was die Person heute schon vor Verlassen des Hauses getan hat.**

Se ha levantado a las ocho.

....

....

....

....

....

6 **Diese beiden Personen unterhalten sich um 6 Uhr abends in einem Park. Was, glauben Sie, haben sie heute gemacht? Benutzen Sie die Formen *primero, luego* und *después*.**

....

....

....

....

....

....

7 **Achtung! Bringen sie die Wörter und die Interpunktion der folgenden Sätze in die richtige Reihenfolge.**

a) — pero no perdona oído llegar he que tarde despertador es el por
  • igual es bah

b) — de lo verdad siento
  • te no importancia hombre no preocupes tiene

a) — Perdona ....

....

  • ....

b) — ....

  • ....

8 **Bilden Sie Sätze wie im Beispiel angegeben.**

Perder el tren.

Perdona por llegar tarde, pero es que he perdido el tren.

1. Perder el tren.
2. No oír el despertador.
3. Salir muy tarde del trabajo
4. Encontrarse con un amigo.
5. Dormirse.
6. Tardar mucho en encontrar este sitio.

9 **Welche Wörter oder Ausdrücke können Sie sich nur schwer merken? Schreiben Sie sie auf.**

....

....

....

....

....

....

¿Qué te pasa?

1 **Suchen Sie in jeder Zeile das „Schwarze Schaf".**

- preocupado cansada roja triste nervioso
- sed frío miedo calor entre
- tarde dedo cabeza pie boca
- gripe resfriado mano tos fiebre
- aspirina masaje leche otra manzanilla

Ordnen sie die Anfangsbuchstaben der „Schwarzen Schafe" und bilden Sie daraus ein Verkehrsmittel.

2 **Antworten Sie auf diese Fragen wie im Beispiel angegeben.**

1. ¿Qué te pasa?
   Me duelen los oídos. (OÍDOS)
2. ¿Qué te pasa?
   .... (ESTÓMAGO)
3. ¿Qué te pasa?
   .... (RESFRIADO)
4. ¿Qué te pasa?
   .... (FIEBRE)
5. ¿Qué te pasa?
   .... (OJOS)

3 **Vervollständigen Sie die folgenden Sätze mit *mucho, mucha, muchos, muchas* oder *muy*.**

1. Estoy ______ cansada. He trabajado ______ .
2. Tengo ______ hambre. Todavía no he comido.
3. María está ______ triste estos días. Ha dejado su trabajo.
4. No me siento ______ bien hoy. Creo que tengo ______ fiebre.
5. Hemos discutido ______ . Estamos ______ enfadados.
6. Le duele ______ el estómago. Ha comido ______ dulces.
7. Hemos estudiado ______ pero estamos ______ nerviosos.
8. Esta aspirina es un remedio ______ bueno cuando tienes ______ dolor de cabeza.
9. Está preocupada y trabaja ______ horas.
10. A mi padre le gusta ______ el rock. Tiene ______ discos.

4 **Bilden Sie vier Dialoge. Nehmen Sie dafür einen Satz aus jedem Kasten.**

— ¡Tengo treinta y ocho de fiebre!	• ¿Y por qué no te vas a la cama?	— Es que no me gusta el coñac.
— Tengo un dolor horrible en la espalda...	• ¿Quieres un calmante?	— Sí, si sigo así...
— Me duelen muchísimo las muelas.	• ¿Te doy un masaje?	— ¡Ah sí!, por favor.
— Estoy resfriado.	• ¿Por qué no te tomas un vaso de leche con coñac?	— ¿Un calmante? Es que prefiero no tomar nada...

5 **Vervollständigen Sie die folgenden Minidialoge mit den entsprechenden Formen der Verben *venir, empezar, tener, querer* und *preferir*.**

1. — ¿Cómo ______ (vosotros) a clase?
   • Andando.
2. — ¿A qué hora ______ (tú) a trabajar?
   • A las siete de la mañana.
3. — ¿Vosotros también ______ un mes de vacaciones?
   • No, ______ (nosotros) dos.
4. — ¿ ______ (usted) una aspirina?
   • Es que ______ (yo) no tomar nada.

6 Lesen Sie diese Anzeige und finden Sie die Wörter oder Ausdrücke heraus, die folgendes bedeuten:

— pronto ....
— hace deporte ....
— al día ....

Gibt es Wörter, die Sie nicht verstehen? Finden Sie heraus, wie sie auf deutsch heißen, und schreiben Sie sie in den Kasten.

Lesen Sie die Anzeige noch einmal. Was trifft davon auf Sie zu? Was nicht? Schreiben Sie es auf; beginnen Sie die Sätze wie folgt:

Yo también ...
Yo no ...
Yo tampoco ...
Yo sí ...

yo también me levanto temprano.
yo no me levanto temprano.

8 Sehen Sie sich die beiden Beispiele an.

Hambre. – *¡Qué hambre tengo!*
Cansada. – *¡Qué cansada estoy!*

Und jetzt sagen Sie es.

1. Hambre.
2. Cansada.
3. Frío.
4. Sed.
5. Contenta.
6. Nervioso.
7. Calor.

7 Stellen Sie sich folgende Situation vor:

Sie sind mit Ihrer Familie (sechs Personen) in Spanien und alle sind krank. Erklären Sie dem Arzt, was mit ihnen los ist:

Nehmen Sie die Wörter aus dem Kasten.

doler tener estar sentirse encontrarse

Oh, doctor, nos ...
A mi marido ...

9 Denken Sie sich drei Krankheiten aus, von denen sie nicht wissen, wie sie auf spanisch heißen.
Finden Sie es heraus und schreiben Sie es auf.

1. ....
2. ....
3. ....

16 ¿Cómo quedamos?

1 **Bei allen diesen Sätzen, die wir normalerweise am Telefon benutzen, ist ein Wort zuviel. Schreiben Sie die Sätze in der richtigen Form.**

1. Sí, yo soy yo.
   ....
2. Un momento, luego ahora se pone.
   ....
3. ¿De parte de quién está?
   ....
4. En este momento no puede ahora ponerse.
   ....
5. No, no es aquí. Se equivoca otro.
   ....
6. ¿Está quién Rosa?
   ....
7. No, no está. Volverá antes más tarde.
   ....

2 **Sehen Sie sich die Anzeigen an und füllen Sie dann die Tabelle aus.**

GALERÍAS

Horario: todos los días laborables, de 11 a 14 y de 17.30 a 20.30 h., excepto lunes por la mañana. Consultar los posibes cambios de horario. Entrada gratuita.

■ **AELE.** Claudio Coello, 28 (entrada pasaje Puigcerdá, 2). Tel. 575 66 79. **Rinaldo Paluzzi.**

■ **AFINSA.** Lagasca, 18. Tel. 578 04 44. **Keneth Noland.**

■ **AFINSA-ALMIRANTE.** Almirante, 5. Tel. 532 74 74. **Kenneth Noland.**

■ **ALBATROS.** Serrano, 6. Tel. 577 54 12. **Carlos Pascual.**

■ **ALCOLEA.** Claudio Coello, 30. Tel. 435 23 47. **Aguiler Moré.**

■ **ALFAMA.** Serrano, 7. Tel. 576 00 88. **Séptima cita con el dibujo.**

■ **ANGEL ROMERO.** San Pedro, 5. Tel. 429 32 08. **Manuel Rufo.** La aventura de un fotógrafo.

■ **ANSELMO ÁLVAREZ.** Conde de Aranda, 4. Tel. 431 55 95. **Donald Lipski.**

■ **ANSORENA GALERÍA DE ARTE.** Alcalá 54. Tels. 531 63 53, 532 85 15-16. **Refino.**

48

RESTAURANTES

LA TOJA. Siete de Julio, 3. Tel. 266 30 34. **Cocina gallega.** Horario: 13 a 16 y 20 a 24 h. Cierra julio. TC: V., A.E., D. **Precio medio: 4.000 ptas.**

LA TRAINERA. Lagasca, 60. Tel. 576 80 35. **Marisco y pescado.** Horario: 13 a 16 y 20 a 24 h. Cierra domingos y agosto. Aparcacoches. TC: V., M.C., E.C. **Precio medio: 5.000 ptas.**

LA TRAIÑA. Paseo de la Castellana, 166. Tel. 457 20 85. **Cocina andaluza.** Horario: 13 a 16 y 21 a 24 h. Cierra domingos, festivos y agosto. Aparcacoches. TC: V., A.E., D., M.C., E.C. **Precio medio: 4.000 ptas.**

LA TROVATA. Jorge Juan, 29. Teléfono: 578 06 24. **Restaurante Italiano.** Abierto todos los días incluidos los domingos. **Precio medio: 2.500-3.000 ptas.**

LA TRUCHA. Núñez de Arce, 6. Tel. 532 08 82. **Cocina española.** Horario: 12.30 a 16 y 19.30 a 24 h. Cierra domingos y julio. No admite tarjetas. **Precio medio: 3.000 ptas.**

LA VACA VERÓNICA. Verónica, 4. Tel. 429 78 27. **Cocina tradicional.** Horario: 14 a 16 y 21 a 24 h. Cierra domingos, sábados al mediodía y agosto. TC: V., A.E., M.C., E.C. **Precio medio: 2.500 ptas.**

LA VILLA. Leizarán, 19 (junto a Serrano). Tels. 563 55 99, 458 74 74. **Cocina vasco-francesa.** Horario: 13.30 a 16 y 21 a 24 h. Cierra domingos, festivos, sábados mañana y agosto. TC: V., A.E. **Precio medio: 3.500 ptas.**

FLAMENCO

Viernes, día 5

■ **GABINETE CALIGARI + AVIATE!.** Ciclo ***Música en Las Ventas.*** A las 21.30 h. Precio: 1.200 (anticipada: Discoplay) y 1.500 pesetas (taquilla). **Plaza de Toros de Las Ventas.**

■ **ESTRAGOS.** A las 22 h. **Siroco.** San Dimas, 3. Teléfonos: 532 13 57 y 448 58 02.

Sábado, día 6

■ **AFRO-BRASS.** Caliente. A las 22 h. **Siroco.** San Dimas, 3. Teléfonos: 532 13 57 y 448 58 02.

Domingo, día 7

■ **DEVO.** A las 22.30 h. Precios: 1.800 y 2.000 pesetas. **Universal Sur.** Parque Comercial Parquesur de Leganés. Teléfono: 686 57 11.

14

CINE

AMANTES. 1990. España. Director: Vicente Aranda. Intérpretes: Victoria Abril, Jorge Sanz, Maribel Verdú. Paco decide quedarse en Madrid al acabar la mili. Se aloja en casa de Luisa, una joven viuda, y pasa de huésped a amante. Trini, su novia, le espera en el pueblo. Mayores de 18 años. **MULTICINES IDEAL** (Madrugada). Hasta el jueves, día 22: **MINICINES.**

SEMILLA DE CRISANTEMO (Ju Dou). 1990. China. **Drama.** Director: Zhang Yimou. Intérpretes: Gong Li, Li Bao-Tia y Li Wee. Historia de una joven campesina maltratada por su esposo que se enamora de su joven sobrino. **RENOIR-4 Caminos (v.o.s.).**

REMANDO AL VIENTO. 1987. España. **Drama.** Director: Gonzalo Suárez. Intérpretes: Hugh Grant, Lizzy McInnerney y José Luis Gómez. El poeta Shelley, su mujer, Lord Byron y el doctor Polidori se reúnen para escribir y disfrutar de la vida. Tolerada **RENOIR-Plaza de España** (Madrugada)

	NOMBRE O TÍTULO	¿DÓNDE?	¿CUÁNDO?
1. Una exposición de dibujos.			
2. Un restaurante italiano.			
3. Un concierto de música de origen africano.			
4. Una película china en versión original.			

3 **Denken Sie an einige interessante Ereignisse, die zur Zeit in Ihrer Stadt stattfinden. Sehen sie sich Aufgabe 6 im Lehrbuch an und schreiben Sie sie auf.**

....
....
....
....
....
....

4 **Vervollständigen Sie die folgenden Sätze mit den Wörtern im Kästchen.**

tengo acuerdo es puedo quieres vamos no

1. — ¿______ venir a dar una vuelta?
   • Vale. De ______.
2. — ¿______ al teatro esta noche?
   • Esta noche ______ puedo. Es que ______ que estudiar. Pero si quieres mañana...
   — ______ que mañana yo no ______

5 **Bringen Sie die Wortfolge und Interpunktion der folgenden Sätze in Ordnung.**

1. y vale qué hacer podemos
2. que me no pronto bien tan va es
3. perfecto a puerta las entonces once menos cuarto la en quedamos
4. bien ah muy qué a empieza hora

6 a) **Vervollständigen Sie den Dialog mit den Sätzen aus Übung 5.**

— Oye, ¿nos vemos mañana por la noche?
• ....
— Pues mira, hay un concierto de Aurora Beltrán en la Sala Universal...
• ....
— A las once, así que podemos quedar sobre las diez en la puerta.
• ....
— ¿Y a las once menos cuarto?
• ....

b) **Hören Sie zu und überprüfen Sie Ihre Ergebnisse.**

7 a) **Alle Verben im Kasten sind unregelmäßig im Präsens. Teilen Sie sie entsprechend ihrer Besonderheiten in zwei Gruppen ein.**

poder	dormir	preferir	entender	salir	venir
empezar	tener	cerrar	querer	volver	acostarse

poder	venir

b) **Jetzt schreiben Sie die entsprechenden Verbformen in die Tabelle.**

INFINITIV	PRÄSENS	
poder	yo puedo	nosotros podemos
preferir	tú	vosotros ....
entender	yo	nosotros ....
dormir	tú	vosotros ....
venir	usted	ustedes ....
empezar	yo	nostros ....
volver	él	ellos ....
cerrar	ella	ellas ....
tener	tú	vosotros ....
acostarse	usted	ustedes ....
querer	yo	nosotros ....

8 **Sehen Sie sich den Witz an und beschreiben Sie den Charakter des Herrn.**

....

....

....

....

....

9 **Stellen Sie Fragen wie im Beispielsatz angegeben.**

Jueves / tarde.

¿Te va bien el jueves por la tarde?

1. Jueves / tarde.
2. Miércoles / mañana.
3. Mañana / noche.
4. Lunes / mediodía.
5. Hoy / 4h.
6. Mañana / 11h.
7. Sábado / 12h.

10 **Setzen Sie die richtigen Fragewörter ein.**

1. ¿ ______ dan en el cine «Dorado»?
   Una película interesantísima.
2. ¿ ______ quedas esta noche?
   Con María.
3. ¿ ______ haces este fin de semana?
   Me quedo en casa.
4. ¿ ______ hora cierra el restaurante?
   Creo que a las doce de la noche.
5. ¿ ______ dan esa obra de teatro?
   En el Teatro de La Comedia.
6. ¿ ______ no puedes salir esta noche?
   Es que tengo que estudiar.
7. ¿ ______ te parece a las seis?
   Me parece muy bien.

11 **SOPA DE LETRAS – Buchstabensalat**

Können Sie die Namen von sechs Veranstaltungen erkennen?

T	E	A	T	R	O	M	I	O
A	I	S	A	T	O	C	O	T
L	A	F	I	R	I	M	O	R
E	S	I	E	R	E	T	A	E
A	C	O	C	R	E	P	O	I
T	I	O	N	L	E	T	O	C
R	A	U	L	O	M	S	E	N
A	M	A	C	O	L	E	R	O
Z	B	I	N	C	I	N	E	C

12 **Gibt es spanische oder hispano-amerikanische Darbietungen in Ihrer Stadt? Schreiben Sie Namen oder Titel von einigen auf, die Sie vielleicht schon gesehen haben.**

....

....

....

....

....

....

Comidas 17

1 CRUCIGRAMA – Kreuzworträtsel

Horizontales (Waagerecht)

Verticales (Senkrecht)

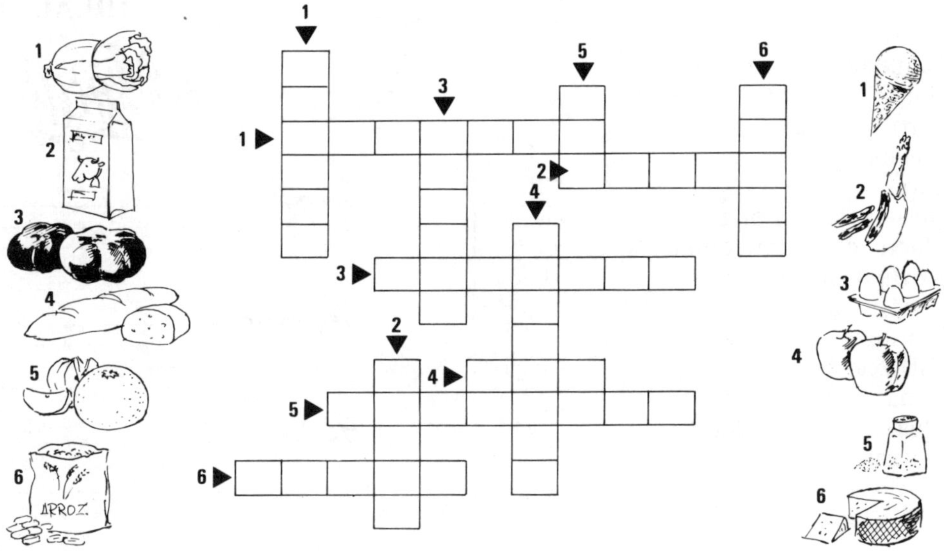

2 **Schreiben Sie die Produkte aus Übung 1 in die entsprechenden Kästchen. Fügen Sie anschließend weitere Produkte hinzu.**

un(a)	una botella de	un kilo de	un paquete de	un trozo de	una docena de	una barra de

Können Sie noch weitere Produkte hinzufügen?

3 **Stellen Sie sich vor, Sie sind mit einigen Freunden in einem Restaurant. Wie reagieren Sie in den folgenden Situationen? Schreiben Sie entsprechende Sätze, indem Sie die Wörter aus dem Kästchen verwenden.**

un poco	un poco más	otro	algo	algo más	nada	nada más

1. Ya no queda (hay) mucha mayonesa.
   Usted: ....
2. La botella de vino está vacía y todavía tienen sed.
   Usted: ....
3. El camarero le ofrece más carne.
   El camarero: ....
4. Usted ya no quiere comer más.
   Usted: ....
5. De postre quiere el flan casero, pero ya no hay.
   El camarero: ....

4 **a) Ordnen Sie diese Speisekarte.**

Chuletas de cordero
Naranja
Arroz a la cubana
Ensalada
Yogur
Huevos con chorizo
Macarrones con tomate
Sardinas a la plancha
Jamón con melón
Merluza a la vasca
Tarta de queso
Sopa
Pollo fritó con patatas
Plátano

b) Stellen Sie sich vor, Sie gehen mit einem Freund/einer Freundin in dieses Restaurant zum Essen. Was wählen Sie? Schreiben Sie einen Dialog zwischen Ihnen und dem Kellner, der dieser Speisekarte entspricht.

5 **Ordnen Sie die folgenden Lebensmittel und Getränke nach Gruppen ein. Verwenden Sie dafür ruhig Ihr Wörterbuch.**

pollo	naranjas	sardinas	vino	lechuga	tomates
plátanos	jamón	trucha	cerveza	agua	
chuletas de cordero	cebollas	manzanas	merluza		

carne	pescado	fruta	verdura	bebidas
pollo				

6 **Bringen Sie diesen Witz in die richtige Reihenfolge.**

A. «Lo mismo que tú».
B. Llegan dos amigos a un bar y uno le pregunta al otro:
C. «Para mí, otros dos».
D. «¿Qué vas a tomar?»
E Entonces el primero le dice al camarero:
F Y el segundo:
G «¡Camarero, dos cafés!»

Reihenfolge:

......, ..., ..., ..., ..., ..., ...

7 **Fügen Sie die Teile der Verben in diesem Kästchen richtig zusammen und schreiben Sie die vollständigen Formen auf.**

pon	go	di
es		emos
	pon	
ped	ís	go
dec	pi	
pon	do	imos

1. ....
2. ....
3. ....
4. ....
5. ....
6. ....
7. ....

8 **SOPA DE LETRAS – Buchstabensalat**

a) **Suchen Sie zehn Verbformen im Präsens. Alle sind unregelmäßig.**

T	D	U	E	R	M	E	V	S	C
A	B	K	C	A	L	S	U	I	N
R	E	P	I	T	O	J	E	G	T
V	I	N	H	Q	X	O	L	U	A
O	D	V	T	U	M	Y	V	E	F
P	R	E	F	I	E	R	E	S	O
F	U	V	I	E	N	E	B	A	D
A	S	H	A	R	U	N	Z	J	I
P	U	E	D	E	S	A	D	H	C
A	I	T	O	N	P	I	D	O	E

b) **Schreiben Sie jetzt die Infinitive dieser Verben. Bilden Sie Gruppen entsprechend ihrer Unregelmäßigkeit im Präsens.**

9 **Schreiben Sie auf, was Sie normalerweise morgens, mittags und abends essen.**

DESAYUNO: ....
COMIDA: ....
CENA: ....

10 a) Lesen Sie diesen Artikel.

EL 12 % DE LOS MADRILEÑOS COME HABITUALMENTE FUERA DE CASA

Según un estudio realizado por el Ayuntamiento, en Madrid hay 712 hoteles, hostales y pensiones, 3.775 restaurantes y 12.828 cafeterías, bares y tabernas (un local por cada 235 habitantes). También indica el estudio que el 12 % de los madrileños come normalmente fuera de su domicilio. Un 7,5 % lo hace en su lugar de trabajo y un 4,5 % en restaurantes. Los que más comen fuera son los agentes comerciales, los representantes y los directores; los que menos, los parados.

Por clases sociales, la alta es la que más come fuera (un 15,8 %), seguida de la media (un 14,5 %) y la media baja (6,9 %). En general, a partir de los 45 años la gente prefiere comer en casa. Finalmente el estudio señala que en los bares y «pubs» entra un 16 % más de hombres que de mujeres.

El País, 10-6-89. (Adaptado.)

b) Beantworten Sie folgende Fragen:

¿Es interesante este articulo?

¿Lo has entendido todo?

¿Crees que es necesario entender todas las palabras? ¿Por qué no?

c) Lesen Sie den Text noch einmal und markieren Sie das entsprechende Kästchen (*verdadero* oder *falso*):

	V	F
1. En Madrid hay 12.828 restaurantes.		
2. El 88% de los madrileños come habitualmente en casa.		
3. Los ricos comen más fuera de casa que los pobres.		
4. Las personas de 50 años prefieren comer en casa.		
5. A los bares de Madrid van más mujeres que hombres.		

11 Lesen Sie die folgenden Anzeigen aus der Zeitung und beantworten Sie die Fragen:

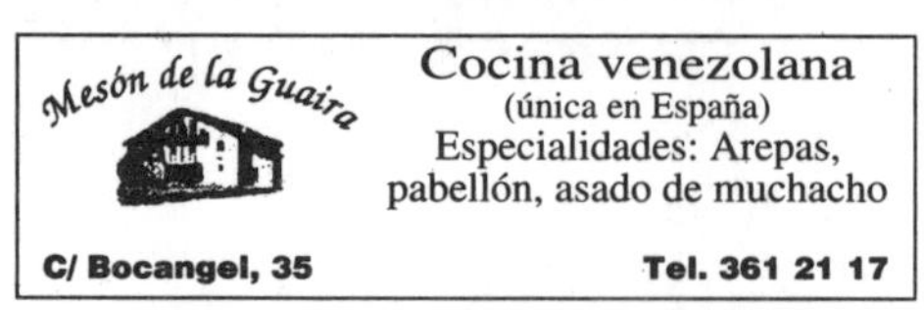

1. ¿Qué se come en el restaurante O'Pazo?
2. ¿En qué restaurante se ofrecen platos del Perú?
3. ¿De dónde son las especialidades de «El Viejo Almacén»?
4. ¿Qué es el marisco?
5. ¿Dónde está «La taquería»?
6. ¿De dónde son especialidad las arepas?
7. ¿Qué restaurante te gusta más?

1 Fügen Sie die fehlenden Vokale hinzu, so daß Namen von Kleidungsstücken entstehen.

cms	camisa	pntlns	
chqt		vstd	
fld		trj	
cmst		czdr	
mds		brg	
vqrs		clctns	

2 Suchen Sie sechs Unterschiede zwischen den Bildern und schreiben Sie sie auf.

A

B

C

D

A: El señor lleva una chaqueta.

B: El señor lleva una cazadora.

C:

D:

3 Sehen Sie sich die Personen der Übung 2 noch einmal an und schreiben Sie Sätze, die sie miteinander vergleichen. Sie können hierfür die Adjektive aus dem Kästchen nehmen.

alto/ -a
joven
gordo/ -a
guapo/ -a

1. La chica es más alta que el chico.
2.
3.
4.

4 **Schreiben Sie jetzt Sätze, die das gleiche anders ausdrücken.**

1. El chico es más bajo que la chica.
2. ....
3. ....
4. ....

5 **Denken Sie an zwei Ihrer Verwandten und vergleichen Sie sie miteinander.**

Mi hermano Albert es más joven que mi hermana Dorothy, pero no es tan moderno como ella.

6 **a) Suchen Sie das „Schwarze Schaf".**

1. Corta estrecha oscuras cómoda barata.
2. Rosa blanca amarillo queso verde.
3. Abrigo sueño sujetador corbata falda.
4. Árbol pizarra papelera lápiz cuaderno.
5. Lana algodón campo plástico.

b) Überprüfen Sie ihre Entscheidung von Übung 6a.

A. No es una prenda de vestir. 3. sueño
B. No es una cosa de la clase. ....
C. Es adjetivo, pero plural. ....
D. No es un material. ....
E. No es un color. ....

7 **Verbinden Sie die Elemente aus den drei Kreisen so miteinander, daß sechs Fragen entstehen, die normalerweise ein Verkäufer oder ein Kunde in einem Bekleidungsgeschäft stellen.**

de
para
∅

cuánto
cómo
qué
quién

lo
es
tal
quiere
talla
queda
cuesta
desea
le

1. ¿De qué es?
2. ¿ .... ?
3. ¿ .... ?
4. ¿ .... ?
5. ¿ .... ?
6. ¿ .... ?

8 **Setzen Sie die entsprechenden Pronomen ein.**

1. ¿Qué tal ______ queda?
   Muy bien, gracias. Me lo llevo.
2. El pantalón ______ queda muy estrecho.
   ¿Tienen otro más ancho?
3. ______ gusta mucho esa camisa.
   ¿Puedo probármela?
4. ¿Qué zapatos prefiere: los blancos o los negros?
   ______ quedo con los negros.
5. ¿______ gusta la camisa?
   ¡Te queda muy bien!
   ¿______ la llevas?
6. Quería una camisa de algodón.
   ¿De qué color la quiere?
   ¿______ gusta azul?
7. Me gusta este vestido.
   ¿Puedo probar______ ?
8. A María no ______ gustan los vestidos cortos. Los vestidos largos ______ quedan mejor.
9. ______ gusta mucho esa corbata.
   ______ la llevamos.
10. ______ quedan muy bien esos zapatos.
    ______ los llevo.

9 **In einem Bekleidungsgeschäft: Ergänzen Sie die Antworten der Kundin. Verwenden Sie dabei die Personalpronomen *lo, los* oder *la, las*.**

1. ¿Quiere probarse este vestido? — Sí, me ______ quiero probar.
2. ¿Quiere ver otros vestidos de seda? — Sí, ______ quiero ver.
3. ¿De qué color quiere la blusa? — ______ quiero blanca.
4. ¿Se lleva los vaqueros? — Sí, me ______ llevo.

10 **Stellen Sie sich vor, Sie reisen mit Freunden im April nach Andalusien. Sie wollen in die Sierra Nevada (vielleicht zum Skifahren) und an die Costa del Sol, wo normalerweise schönes Wetter ist (25 °C). Was nehmen sie mit? Schreiben Sie es auf!**

11 CRUCIGRAMA – Kreuzworträtsel

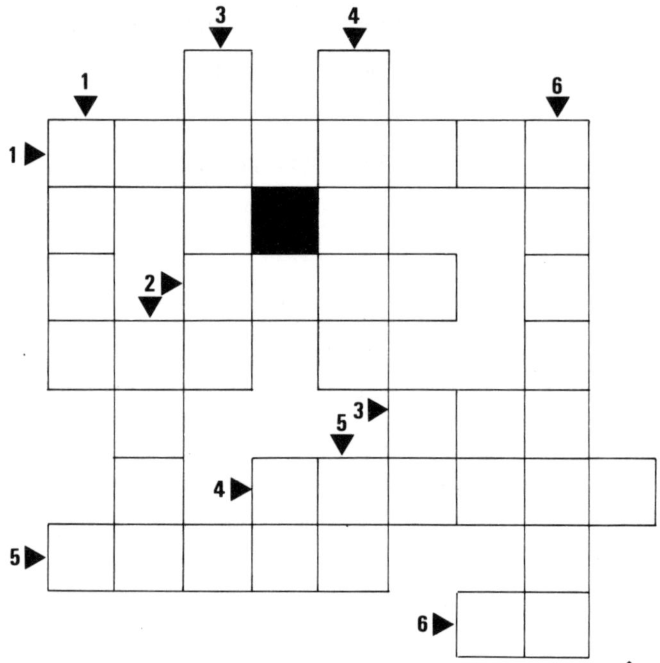

Horizontales (Waagerecht)

1. — ¿Puedo ... esta chaqueta?
   • Sí, mire, el probador está a la derecha.
2. Hay muchas prendas de vestir que son de ...
3. Estos pantalones son un poco más caros ... ésos.
4. Lo contrario de negro.
5. La llevan las mujeres.
6. ¡Huy! Este jersey es muy corto. Yo ... quería un poco más largo.

Verticales (Senkrecht)

1. — ¿Es ... usted?
   • Sí.
2. Lo contrario de barata.
3. Lo contrario de largo.
4. — ¿Sabe qué ... tiene?
   • La 40.
5. — Quería una camisa de algodón para mí.
   • ¿De qué color ... quiere?
6. Lo contrario de ancho.

12 **Bilden Sie Fragen, wie im Beispiel angegeben**

1. COLOR (MEDIAS)
   ¿De qué color las quiere?
2. TALLA (BLUSA)
   ....
3. NÚMERO (ZAPATOS)
   ....
4. TALLA (CALZONCILLOS)
   ....
5. COLOR (TRAJE)
   ....
6. COLOR (CALCETINES)
   ....
7. NÚMERO (BOTAS)
   ....
8. COLOR (BRAGAS)
   ....

13 **DICTADO GRÁFICO – nach Diktat zeichnen**

Nehmen Sie ein Blatt Papier und Farbstifte, um Vicente zu zeichnen.
a) Hören Sie sich die ganze Beschreibung an und versuchen Sie, sich Vicente vorzustellen.
b) Jetzt hören Sie mit Pausen noch einmal zu, und zeichnen Sie ihn.

14 **Hören Sie zu, sprechen Sie nach und bilden Sie Sätze wie im Beispiel angegeben.**

(La camisa) muy bien.

Me queda muy bien.

1. (La camisa) muy bien.
2. (Los pantalones) un poco anchos.
3. (La falda) no/bien.
4. (La chaqueta) no/mal.
5. (El abrigo) bastante bien.
6. (Los vaqueros) un poco largos.

15 **Machen Sie eine Liste der Kleidungsstücke, die Sie am meisten tragen. Vergessen Sie nicht, die Farben anzugeben.**

....
....
....
....
....
....

1 Worum handelt es sich?
Schreiben Sie die Antworten in die entsprechenden Zeilen. Lesen Sie dann das Wort, das sich in der Säule gebildet hat. Es ist der Name eines berühmten spanischen Schriftstellers.

1. Las puedes ver en el cine.	1.	_ _ _ _ [_] _ _ _ _
2. Gerundio de «decir».	2.	_ _ _ _ [_] _ _ _
3. Día de la semana.	3.	_ _ _ [_] _ _ _ _ _
4. Bebida alcohólica.	4.	_ _ _ [_] _ _ _
5. Mueble donde se guarda la ropa.	5.	_ _ _ [_] _ _ _
6. Lo contrario de «siempre».	6.	_ _ [_] _ _
7. Parte del cuerpo.	7.	_ _ [_] _ _ _ _ _
8. Se dice a una persona el día de su cumpleaños.	8.	_ [_] _ _ _ _ _ _ _ _ _
9. Gerundio de «sentarse».	9.	[_] _ _ _ _ _ _ _ _ _

2 **a) Lesen Sie die Beschreibungen und identifizieren Sie die Personen der Zeichnung. Schreiben Sie dann auf, was jede von ihnen macht.**

1. Laura es una chica rubia, joven, que lleva una camiseta y una falda corta, y está al fondo a la derecha.
2. Julián lleva traje y corbata. Tiene bigote. Está muy contento y le encanta bailar.
3. Rita es una señora de unos 45 años que no lleva falda ni pantalones. Le gustan mucho los canapés.
4. Ricardo tiene unos 50 años y lleva gafas y un traje muy bonito. Tiene bastante calor.
5. María es muy joven, morena y alta. No lleva pantalones y le gusta mucho el vino.

a. Laura *está* ....
b. Julián ....
c. Rita ....
d. Ricardo ....
e. María ....

b) Wählen Sie vier weitere Personen des Festes aus und schreiben Sie auf, wie sie sind, wo sie sind und was sie gerade tun ...

3 **Denken Sie an drei Personen, die sie gut kennen, und schreiben Sie auf, was sie nach Ihrer Meinung gerade tun.**

Creo que .... *está* ....
....
....

4 **Achtung! In all diesen Sätzen fehlt ein Wort: *es* oder *está*. Ergänzen Sie.**

1. — Esa camisa ______ de algodón, ¿verdad?
2. — Dice que ______ muy enfadada y no quiere hablar con nadie.
3. — Tu hermana mayor ______ médica, ¿verdad?
4. — Mira, ésa de rojo ______ mi vecina.
5. — No estoy seguro, pero creo que Soria no ______ muy lejos de Madrid.
6. — Tu cumpleaños ______ en abril, ¿verdad?
7. — Pues mira, ahora no puede ponerse, ______ duchándose.
8. — ¿ Sabes qué día ______ hoy?
9. — ¡Qué buena ______ esta tortilla!
10. — ¡Uff... ya ______ la una y media!

5 **Vervollständigen Sie diesen Dialog mit den Wörtern aus dem Kasten. Eines davon wiederholt sich. Achten Sie auf diese Großbuchstaben.**

te	es	cumpleaños	ti	qué

— ¡Feliz ______ y que pases un buen día!
• Gracias, Eva.
— Mira, esto es para ______ .
• Humm... muchísimas gracias. A ver, a ver qué ______ . ¡Una pulsera! ¡______ bonita!
— ¿______ gusta?
• Me encanta, ______ preciosa.

6 **Denken Sie an sechs wichtige Daten und schreiben Sie Sätze, die erklären, warum sie wichtig sind.**

1. El primero de mayo es el Día de los Trabajadores.
2. ....
3. ....
4. ....
5. ....
6. ....

7 **Schreiben Sie Sätze wie im Beispiel angegeben.**

• (tarta, buena): *¡Qué buena está la tarta!*
• (París, bonito): *¡Qué bonito es Paris!*

1. vino, bueno: ....
2. ciudad, grande: ....
3. tema, interesante: ....
4. zapatos, elegantes: ....
5. mujer, inteligente: ....
6. chico, alto: ....
7. fiesta, divertida: ....
8. tus, amigos, simpáticos: ....

8 **Hören Sie zu und bilden Sie Sätze wie im Beispiel angegeben.**

(Esta sopa)
¡Qué buena está esta sopa!

1. Esta sopa.	4. Este filete.
2. Esta ensalada.	5. Estos macarrones.
3. Estas chuletas.	6. Este pollo.

9 **Wie heißen die Monate auf spanisch? Bringen Sie die Buchstaben in die richtige Reihenfolge.**

OBREREF ECORBUT OATSOG
....
REVOBEMIN IRLAB OLUJI
....
RNEOE BIMECRIDE INUOJ
....
YMOA TERIBESPEM AMROZ
....

10 **DICTADO – Diktat**

Hören Sie erst jeden Satz, ohne zu schreiben. Wiederholen Sie still, was Sie hören. Schreiben Sie es dann nieder.

1. ....
2. ....
3. ....
4. ....
5. ....
6. ....

1 ÁRBOL DE LETRAS – Buchstabenbaum

Mit den Buchstaben des Baumes können Sie sechs Wörter bilden, die mit Reisen zu tun haben, und sechs weitere, die sich auf das Klima beziehen.

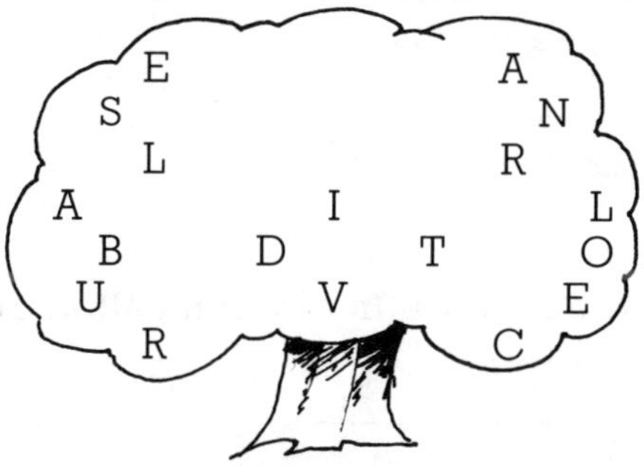

Viajes	Clima
1.	1. ....
2.	2. ....
3.	3. ....
4.	4. ....
5.	5. ....
6.	6. ....

2 Lesen Sie die Sätze dieses unvollständigen Dialogs und schreiben Sie dann die, die fehlen.

— Buenos dias. ¿Qué trenes hay para Sevilla?
• Hay uno a las diez y cuarto y otro a las doce y veinte.
— ¿.............................. ?
• A las quince cuarenta.
— ¿.............................. ?
• A las diecisiete cuarenta y cinco.
— Pues déme un billete para el de las diez y cuarto.
• ¿.............................. ?
— No fumador.
• Son tres mil doscientas cuarenta pesetas.
— ¿.............................. ?
• De la vía nueve.

3 Achtung! In allen Sätzen fehlt eine Präposition (*a, de, por, con, para*). Ergänzen Sie!

1. El Talgo de Granada acaba ______ salir.
2. ¿A qué hora llega el ______ las ocho y cinco?
3. ¿El Intercity de Valencia pasa ______ Toledo?
4. ¿______ qué día lo quiere?
5. ¿______ qué vía llega el Talgo de Barcelona?
6. ¿______ qué vía sale el tren?
7. ¿Cuántos trenes hay hoy ______ Madrid?
8. ¿______ dónde pasa el autobús?

4 Lesen Sie die Anzeige und antworten Sie auf die Fragen.

1. ¿Sabes qué es RENFE? En caso negativo, averígualo.
   ....
2. ¿En qué estaciones del año puedes hacer los viajes organizados mencionados en el anuncio?
   ....
3. ¿Cuántos destinos ofrece RENFE para estos viajes?
   ....
4. ¿Qué incluye el precio del billete?
   ....
5. ¿Dónde puedes obtener información si quieres hacer uno de esos viajes?

5 **Achtung! Bringen Sie Wortfolge und Interpunktion der Sätze in Ordnung.**

1. en hace que Madrid en tiempo verano
   ....
2. mucho hace calor
   ....
3. invierno en y
   ....
4. pero frío mucho llueve no mucho hace
   ....
5. alguna nieva vez
   ....
6. casi no nunca nieva no
   ....

6 **a) Verbinden Sie die Elemente der beiden Kästchen miteinander. In einigen Fällen gibt es mehr als eine Möglichkeit.**

sol templado nieve lluvia frío buen tiempo	pasear quedarse en casa coger el paraguas ponerse un sombrero esquiar ir de camping

b) Schreiben Sie vollständige Sätze.

Beispiel: Cuando hace sol, voy de camping.

7 **Ordnen Sie die zusammengehörigen Satzteile einander zu.**

1. Un barco es más grande → b)
2. Cuando hace calor
3. En una agencia de viajes se puede
4. La gente usa los paraguas
5. Para ir a muchos países
6. El avión es más rápido
7. Para esquiar
8. Los aviones se cogen
9. Cuando hace frío
10. En un billete de avión
11. El tren sólo lo puedes coger

a) cuando llueve.
b) que un coche.
c) se necesita un pasaporte.
d) en los aeropuertos.
e) comprar billetes, reservar habitaciones de hotel...
f) que el tren.
g) la gente lleva poca ropa.
h) siempre viene el número de vuelo.
i) en las estaciones.
j) se necesitan esquís.
k) la gente lleva mucha ropa.

8 **Achtung! Die folgenden Sätze sind unvollständig: es fehlt *muy, mucho, mucha, muchos* oder *muchas.***

1. Dice que habla alemán ____________ bien.
2. Ya sabes que no le gustan ____________ las motos.
3. Pues yo voy a la playa ____________ fines de semana.
4. Tu pueblo está ____________ cerca de aquí, ¿verdad?
5. Esta mañana he estado en el mercado y he comprado ____________ cosas.
6. Oye, estos macarrones están ____________ buenos, ¿eh?
7. En tu pueblo llueve ____________ , ¿no?
8. El dice que no, pero la verdad es que come ____________ galletas.
9. Yo, los viernes, me acuesto ____________ tarde.
10. En Murcia hay ____________ barques, ¿verdad?
11. Yo, el café, lo preferio con ____________ azúcar.
12. Los sábados por la mañana hay ____________ gente comprando en el mercado.

9 Stellen Sie Fragen, wie im Beispiel angegeben.

¿Barcelona / 8.25?

¿A qué hora llega a Barcelona el tren de las ocho y veinticinco?

1. ¿Barcelona / 8.25?
2. ¿Alicante / 12.10?
3. ¿Zaragoza / 16.45?
4. ¿Murcia / 7.20?
5. ¿Pamplona / 9.30?
6. ¿Bilbao / 22.50?

10 Vervollständigen Sie die folgenden Sätze mit Formen von *estar, hacer, hay*. Einige stehen in der Vergangenheit!

1. Hoy el día ________ muy nublado y triste. No podemos ir a la playa.
2. Este verano pasado ________ mucho frío en el norte de España.
3. Hoy ________ una fuerte tormenta en la costa norte de Europa.
4. ¡Hoy ________ un día buenísimo! ¿Vamos de excursión?
5. Hoy ________ nieve en las montañas.
6. En agosto ________ normalmente mucho calor en los países del Sur.
7. En muchos países latinoamericanos ________ una temperatura bastante regular y templada durante todo el año.
8. El cielo ________ hoy claro y despejado. No llueve, no nieva... ________ muy buen tiempo.

11 Vervollständigen Sie die folgenden Sätze mit *algún* ... oder *ningún*.

1. ¿Sale ________ tren hoy para Málaga?
   No, los fines de semana no sale ________ tren para Málaga.
2. Estás muy triste. ¿Tienes ________ problema?
   No, no tengo ________ problema: es que el tiempo me pone nervioso.
3. ¿Tienes ________ plan interesante para hoy?
   No, todavía no tengo ________ plan. Acabo de levantarme.
4. ¿Has visto ________ cosas interesantes en la ciudad en tus vacaciones?
   Sí, he visto ________ exposiciones: pero no he visto a ________ amigo.
5. ¿Hay ________ autor latinoamericano que te gusta especialmente?
   Sí, hay ________ autores que me encantan.

12 a) Denken Sie an drei Wörter oder Ausdrücke, von denen Sie nicht wissen, wie sie auf spanisch heißen. Finden Sie ihre Bedeutung heraus und schreiben Sie sie auf.

b) Schreiben Sie Sätze mit jedem dieser Wörter.

Contar un viaje

1 Fügen Sie die fehlenden Vokale ein. Sie erhalten dann 12 Verbformen im Indefinido.

1. c_m_ _r_n ....Comieron....
2. v_v_ ....
3. h_z_ ....
4. c_n_c_st_ ....
5. c_mpr_r_n ....
6. _mp_z_st_ _s ....
7. _st_v_m_s ....
8. ll_g_ _ ....
9. _scr_b_ _ ....
10. f_ _st_ _s ....
11. c_g_m_s ....
12. _st_d_ _st_ _s ....

2 Ergänzen Sie die fehlenden Verbformen im Infinitiv, im Präsens und im Indefinido.

INFINITIVO	PRESENTE	INDEFINIDO
cenar		cené
		vinimos
	hacen	
ser		fuiste
	vas	
		regalamos
	habla	
		bebisteis
	están	
		vio
	recibimos	
		dejasteis
	volvemos	

3 a) Suchen Sie aus dem folgenden Text mindestens 7 Verben im Indefinido heraus. Schreiben Sie sie auf. Wie lauten die Infinitivformen?

Madrileños y vascos fueron quienes más viajaron en las vacaciones de 1990

EFE, **Madrid**
Los ciudadanos de la Comunidad de Madrid y los del País Vasco fueron los que más viajaron en 1990 en los periodos de vacaciones, según datos del Ministerio de Transportes referidos a ese año. Un estudio de dicho departamento precisa que el 76,3% de la población que reside en la autonomía madrileña decidió viajar en sus vacaciones y que el 71,8% de los habitantes del País Vasco también lo hizo.

La media nacional de viajeros se situó en el 53,4%, lo que supone un incremento del 18,6% sobre 1987. El resto de los ciudadanos —un 46,6%— no se fue de vacaciones.

Un 21,6% de los españoles se desplazó al menos en dos ocasiones en viaje de vacaciones, mientras que el resto, el 31,8%, realizó sólo un desplazamiento.

Entre los que no pudieron salir de vacaciones destacan los gallegos y andaluces, que en un 68,2 y en un 65,6%, respectivamente, decidieron quedarse en casa.

El País (18-3-91)

1. fueron — ser
2. .... — ....
3. .... — ....
4. .... — ....
5. .... — ....
6. .... — ....
7. .... — ....

b) ¿VERDADERO O FALSO? Lesen Sie noch einmal den Text 3a, und entscheiden Sie, ob die Aussagen 1 bis 5 richtig oder falsch sind.

	V	F
1. Es un artículo sobre el turismo extranjero en España.		
2. Los datos proceden del Ministerio de Transportes.		
3. En 1990, el 53,4 % de los españoles no se fue de vacaciones.		
4. El 21,6 % de los españoles hizo dos viajes de vacaciones como mínimo.		
5. En las vacaciones de 1990 los gallegos viajaron menos que los vascos.		

4 **Rafael, ein junger Mann aus Soria, hat sein letztes Wochenende in Madrid verbracht. Können Sie anhand seiner Fahrkarte seine Fahrt beschreiben? Benutzen Sie die Verben, die im Kasten angegeben sind.**

ir	salir	llegar	durar	costar	fumar

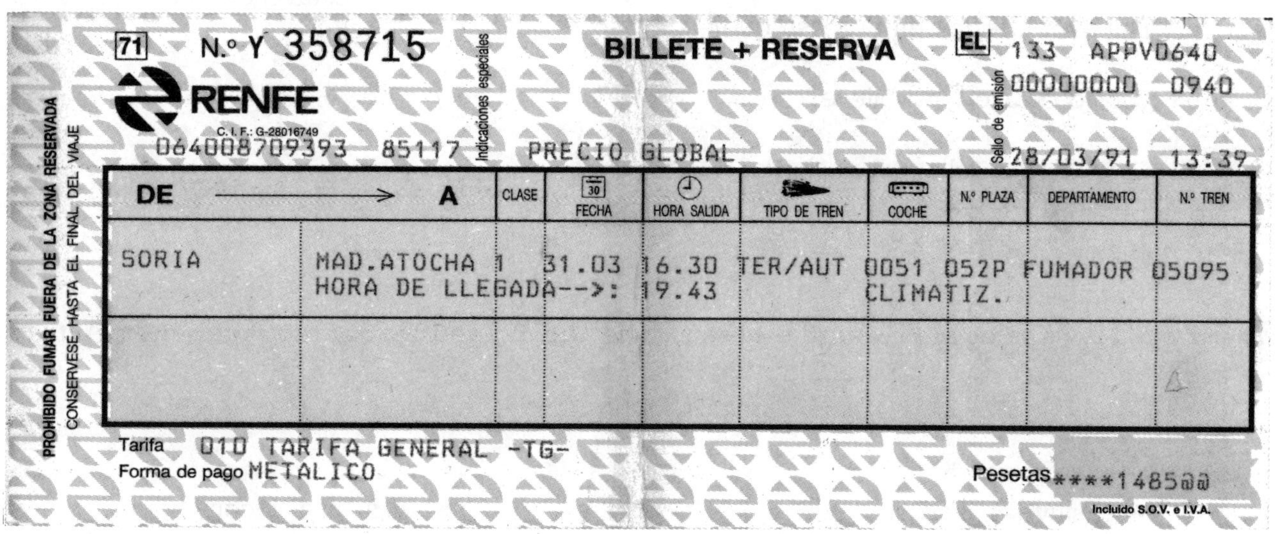

71 N.º Y 358715 BILLETE + RESERVA EL 133 APPV0640

RENFE — C. I. F.: G-28016749

Sello de emisión 00000000 0940

064008709393 85117 — Indicaciones especiales — PRECIO GLOBAL — 28/03/91 13:39

PROHIBIDO FUMAR FUERA DE LA ZONA RESERVADA — CONSERVESE HASTA EL FINAL DEL VIAJE

DE →	A	CLASE	FECHA	HORA SALIDA	TIPO DE TREN	COCHE	N.º PLAZA	DEPARTAMENTO	N.º TREN
SORIA	MAD.ATOCHA HORA DE LLEGADA-->:	1	31.03	16.30 19.43	TER/AUT	0051 CLIMATIZ.	052P	FUMADOR	05095

Tarifa 010 TARIFA GENERAL -TG-

Forma de pago METALICO

Pesetas ****1485ØØ

Incluido S.O.V. e I.V.A.

Fue en tren.

....

....

....

....

....

5 **In jeder dieser Zeitangaben fehlt ein Wort. Schreiben Sie die vollständige Wendung.**

1. año pasado .... el año pasado
2. junio ....
3. hace tres ....
4. semana pasada ....
5. 1987 ....
6. ayer la tarde ....
7. 10 de agosto ....
8. el jueves por noche ....
9. en octubre 1990 ....

6 **a) Bringen Sie wieder Ordnung in die folgenden Fragen. Beachten Sie auch die Großschreibung!**

1. ¿semana qué de fin el tal?
   ¿Qué tal el fin de semana?
2. ¿el estuvisteis vacaciones año dónde pasado de?
   ....
3. ¿muy ayer acostaste tarde te?
   ....
4. ¿qué Pamplona salisteis a de hora?
   ....
5. ¿tal ayer Concha en de casa qué?
   ....
6. ¿costó cuánto el te billete?
   ....
7. ¿por viernes saliste el noche la?
   ....

b) Welche Antwort gehört zu welcher Frage? Ordnen Sie die Aussagen den Fragen von 6a zu!

A. ..2.. En Cuba.
B. .... A las siete.
C. .... ¡Ah! Muy bien. Estuve en la sierra.
D. .... No, a las once.
E. .... Seiscientas cuarenta pesetas.
F. .... No, me quedé en casa leyendo.
G. .... Muy bien. Cenamos y luego estuvimos hablando hasta las tres.

7 **Zwei Mini-Dialoge. Finden Sie heraus, wie die Fragen zu den angegebenen Antworten lauten.**

A

1. — ....
   • Estuve en Sevilla.
2. — ....
   • No, fui con una compañera de trabajo.
3. — ....
   • Sí, muchísimo. Es una ciudad preciosa.
4. — ....
   • El domingo por la tarde.

B

1. — ....
   • Sí, fui al cine con Miguel.
2. — ....
   • La última película de Almodóvar.
3. — ....
   • No mucho. Es un poco lenta y aburrida.

8 **Mit oder ohne Präposition? Fügen Sie *a* hinzu, wenn es notwendig ist.**

1. Conocí ______ María en un curso de español en Perú.
2. Conozco ______ esa ciudad. ¡Es preciosa!
3. Visité ______ Cuba hace dos años.
4. Visité ______ mi amigo Pedro en Cuba en 1975.
5. Esta mañana he visto ______ Pedro en la ciudad.
6. Anteayer ví ______ una película de terror.

9 **Bilden Sie Fragen wie im Beispiel angegeben.**

¿Qué / hacer / anoche?

¿Qué hiciste anoche?

1. ¿Qué / hacer / anoche?
2. ¿Cuándo estar / en Londres?
3. ¿Como / ir?
4. ¿Por qué no / llamar / ayer?
5. ¿Con quién / salir / anoche?
6. ¿A qué hora / levantarse / el domingo?
7. ¿Dónde / conocer / a Carmen?

10 **Hier sind Reisenotizen über ein Wochenende in Segovia. Benutzen Sie sie, um einen vollständigen Text zu schreiben.**

Fin de semana en Segovia

3 y 4 de julio de 1994

6 Participantes: Pedro, Manolo, María, Carmen, Javier y Teresa

Sábado	• 7:30	Cita en el Café "Pepe" – desayuno.
	• 8:00	Salida de Madrid a Segovia (1 coche y 1 moto). Muy buen tiempo; cielo despejado: 18°.
	• 10:30	Parada en un pueblo de la Sierra. Problemas con la moto de Manolo.
	• 12:00	Llegada a Segovia; paseos y aperitivo en la plaza.
	• 14:00	Continuación hasta un pueblo cercano a Segovia.
	• 14:30	Llegada al camping.
	• 17:00 a 20:00	Paseo por el campo.
	• 20:00 – …	Risas, cena, canciones, chistes de María y Teresa.
Domingo	• 8:00	Todos despiertos, excepto Carmen.
	• 9:00	Desayuno en un bar del pueblo.
	• 12:00 – 17:00	Excursión por el campo. Baño en un río pequeño.
	• 18:00	Todo el camping recogido.
	• 21:00	Llegada a Madrid. Cena en casa de Javier.

¡Una escapada muy divertida!

El viaje ha sido divertidísimo. Salimos el sábado . . .

11 **Wie haben Sie das letzte Wochenende verbracht? Beschreiben Sie es!**

12 **Welche Verbformen aus dieser Lektion können Sie schwer aussprechen? Schreiben Sie sie auf einen Zettel.**

1 LA COLUMNA

Schreiben Sie zu jedem Verb das entsprechende Substantiv. In der senkrechten Spalte ergibt sich der Name einer Hauptstadt in Lateinamerika.

1. Llamar.
2. Regresar.
3. Continuar.
4. Visitar.
5. Llegar.
6. Viajar.
7. Ir.
8. Salir.
9. Volver.
10. Comenzar.

1. LLA M ADA
2. _ _ _ _ _ _ | _
3. _ _ _ _ _ | _ | _ _ _ _ _ _
4. _ _ _ _ _ | _ | _
5. _ _ | _ | _ _ _ _
6. | _ | _ _ _ _
7. | _ | _ _
8. _ _ _ _ _ | _ | _
9. _ _ | _ | _ _ _
10. _ | _ | _ _ _ _ _ _

2

Was möchte María José morgen, am 15. Juni machen? Schreiben Sie vollständige Sätze mit *ir a*.

15 MARTES JUNIO

9.00 – Entrevista de trabajo
12.00 – Conferencia de García Calvo
14.30 – Comida con Gustavo
16.30 – Tenis
18.30 – Llamar a la agencia de viajes
18.45 – Compras
22.00 – Cine

1. A las nueve va a tener una entrevista de trabajo.
2. ....
3. ....
4. ....
5. ....
6. ....
7. ....

3

Verbinden Sie die Elemente aus beiden Kästchen, um komplette Sätze zu bilden.

llamar al dentista	preguntarte una cosa
ver a Felipe	pedir hora
hablar contigo	comentarles este asunto
llamar al restaurante	decirle unas cosas
hablar con ellos	anular el billete
llamar a la agencia de viajes	reservar mesa

Tengo que llamar al dentista para pedir hora.

....

....

4 **Ordnen Sie Satzanfang und Satzende einander zu.**

Para ser un buen ciclista	hay que ser muy extrovertido.
Si quieres estar en forma	tienes que tomar mucho el sol.
Para ser presidente del gobierno	tienes que hacer deporte.
Si quieres estudiar en la universidad	hay que entrenarse mucho.
Para ser un buen relaciones públicas	hay que ir a la playa o a la piscina.
Para poder bañarse	hay que ganar las elecciones generales.
Si quieres estar muy moreno	tienes que aprobar el examen de ingreso.

5 **Marina bereitet sich auf eine Reise nach Cuba vor. Lesen Sie ihre Notizen und schreiben Sie auf, was sie bereits erledigt hat und was sie noch zu tun hat.**

X – recoger el visado.
– cambiar dinero.
– comprar carrete de fotos.
X – recoger billete.
– hacer las maletas.
– comprar guía turística.
– llamar taxi para mañana.
X – llamar despertador automático.

1. Ya ha recogido el visado.
2. Todavía tiene que cambiar dinero.
3. ....
4. ....
5. ....
6. ....
7. ....
8. ....

6 a) **Krebsmenschen haben im folgenden Horoskop eine Glückssträhne ... Lesen Sie den Text und unterstreichen Sie alle Futurformen.**

Cáncer
(22 de junio – 22 de julio)

Se sentirá bastante feliz y entusiasmado por la vida. Tendrá proyectos interesantes que realizará con rapidez y eficiencia. Sus intereses personales y profesionales estarán en la cresta de la ola.
Sentirá una fuerte tendencia a gastar mucho, pero en el tema económico no tendrá demasiados problemas. Hará un viaje que le gustará mucho; conocerá a una persona a la que tendrá que ayudar. Algunas personas envidiarán su buena suerte.

b) **Schreiben Sie jetzt auf einen Zettel entsprechende Texte für Fische und für Stiere. Nehmen Sie die Kurzangaben zur Hilfe.**

Piscis
(20 de febrero – 20 de marzo)
algunos problemas en el trabajo (tener)
tranquilo y bastante animado (estar, sentirse)
algún regalo o ingreso extra (recibir)
en los preparativos de unas fiestas muy importantes para su familia (participar)
en su ciudad (quedarse)
ningún viaje (hacer)

Tauro
(21 de abril – 21 de mayo)
hacer actividades que le gustan en su trabajo (poder)
su sentido del humor – alto (estar)
su situación económica – bastante buena (ser)
quedar con amigos (gustar)
a un hombre interesante para su trabajo (conocer)
poco dinero (gastar)
ninguna época brillante económicamente (ser)

7 Bilden Sie Fragen wie im Beispiel angegeben.

¿Salir / quedarte en casa?

¿Vas a salir o vas a quedarte en casa?

1. ¿Salir / quedarte en casa?
2. ¿Ver la televisión / hacer los deberes?
3. ¿Hacer la cena / cenar fuera?
4. ¿Telefonearle / escribirle una carta?
5. ¿Ir en Metro / coger un taxi?

8 Bilden Sie Sätze wie im Beispiel angegeben.

Volver.

No sé si tengo que volver o no.

1. Volver.
2. Ir por la mañana.
3. Esperarla.
4. Llegar pronto.
5. Ir a recogerlo.
6. Quedarme.

9 a) Lesen Sie diesen Text über die Frauen im Berufsleben.

¿CÓMO SER MUJER Y NO MORIR EN EL … TRABAJO?

Se dice que a las mujeres les cuesta más ascender en su puesto de trabajo que a los hombres. Las posibilidades de promoción de las mujeres son estadísticamente mucho más bajas y, sin embargo, en muchos países se acepta esta realidad con resignación.
En general, las mujeres tienen que esforzarse mucho más que los hombres para ascender o para llegar a ocupar puestos de responsabilidad, normalmente en manos de hombres.
Actualmente se habla del «Nettworking» como método para que las mujeres se hagan valer en el trabajo. Se basa en «crear relaciones, tender redes…».
¿Y cómo? Aquí tiene las claves que el «Nettworking» propone a la mujer para tener éxito en el campo laboral:

10 claves del éxito

1 no olvidar algunas ventajas de la psicología femenina (diplomacia, simpatía, elegancia …)
2 estar siempre dispuesta a interrelacionarse
3 fijarse objetivos realistas
4 luchar hasta llegar a sus objetivos
5 preguntar todo lo necesario si tiene dudas
6 cuidar el aspecto físico
7 no trabajar demasiadas horas; «tiempo al tiempo»
8 saber decir «sí» y «no»
9 dialogar con sus jefes abiertamente
10 procurar una máxima claridad personal y profesional

Clara
(Sept. 93)

b) Schreiben Sie nun vollständige Sätze mit *tener que* oder *hay que:*

Por ejemplo:

Las mujeres tienen que saber decir «sí» y «no»

Para ascender en el trabajo hay que …

10 Was müssen Sie im Spanischunterricht alles tun, um besser zu lernen? Schreiben Sie drei oder vier Sätze auf!

1 SOPA DE LETRAS – Buchstabensalat

Wie heißt das Gegenteil?

prohibir poner abrir rechazar
entrar apagar comenzar perder
bajar

E	N	C	E	N	D	E	R	B
B	U	T	S	O	Z	I	L	O
G	A	C	E	P	T	A	R	G
J	K	E	H	I	R	O	P	A
T	E	R	M	I	N	A	R	N
U	L	R	L	F	Y	P	Z	A
H	E	A	S	U	B	I	R	R
P	S	R	G	V	J	H	U	Ñ
Q	U	I	T	A	R	F	A	I

2 Ergänzen Sie die Tabelle.

INFINITIVO	IMPERATIVO (tú)	IMPERATIVO (usted)
entrar		
	come	
		abra
repetir		
	estudia	
		empiece
hacer		
	vuelve	
		espere
venir		

3 Formulieren Sie eine Erlaubnis in der tú-Form.

1. – Oye, Gloria, ¿puedo bajar un poco la música?
   • Sí, sí. Bájala.
2. — ¿Puedo cerrar la puerta? Es que tengo un poco de frío.
   • ....
3. — ¿Puedo poner este disco?
   • ....
4. — ¿Puedo hacer este crucigrama?
   • ....
5. — Oye, Félix, ¿puedo subir un poco la radio?
   • ....
6. — ¿Puedo coger el periódico? Es que quiero mirar una cosa.
   • ....
7. — ¿Puedo hacer una llamada? Es sólo un momento.
   • ....
8. — Perdona, ¿puedo coger esta silla?
   • ....

4 **Jetzt schreiben Sie die Sätze von 3 in der usted-Form.**

1. Sí, sí. Bájela
2. ...
3. ...
4. ...
5. ...
6. ...
7. ...
8. ...

5 **Was würden Sie in diesen Situationen sagen? Wenn nötig, begründen Sie es.**

1. Quieres mirar una cosa en la revista de tu compañero.

   ¿Me dejas la revista un momento? Es que quiero mirar una cosa.
2. Te vas a ir de casa de un amigo. Está lloviendo y no has llevado el paraguas.

   ...
3. Estás en clase al lado de la ventana y no oyes casi nada con el ruido de la calle.

   ...
4. Estás en la calle y vas a fumar, pero no tienes fuego.

   ...
5. Vas a apuntar el teléfono de una persona que has conocido, pero no tienes papel.

   ...
6. Estás haciendo la cena y te das cuenta de que no te queda sal. Se la pides a la vecina.

   ...
7. Estás en casa de un amigo y tienes mucha sed.

   ...

6 **Vervollständigen Sie die Dialoge.**

1. — ...
   - Es que la necesito yo. Lo siento.
2. — ...
   - Sí, un momento.
3. — ...
   - Es que está ocupada.
4. — ...
   - Sí, tome.
5. — ...
   - Sí, claro. Cógelo, cógelo.
6. — ...
   - No, no fumo. Lo siento.
7. — ...
   - Perdona, pero es que no sé dónde está.

7 **Überlegen Sie, welche drei Dinge man im Krankenhaus machen darf, und welche drei nicht. Schreiben Sie sie auf.**

Se puede	No se puede
1. ...	1. ...
2. ...	2. ...
3. ...	3. ...

8 **Beachten Sie diese zwei Beispiele.**

Un caramelo.

¿Me das un caramelo?

El lápiz.

¿Me dejas el lápiz un momento?

Fragen Sie nun nach folgenden Gegenständen:

1. Un caramelo.
2. El lápiz.
3. El rotulador.
4. Un cigarro.
5. Tu reloj.
6. Una hoja.
7. Esa revista.

1 ROMPECABEZAS – Kopfnuß

Schreiben Sie die Indefinido-Formen der angegebenen Verben. Der letzte Buchstabe eines Wortes ist der erste des folgenden.

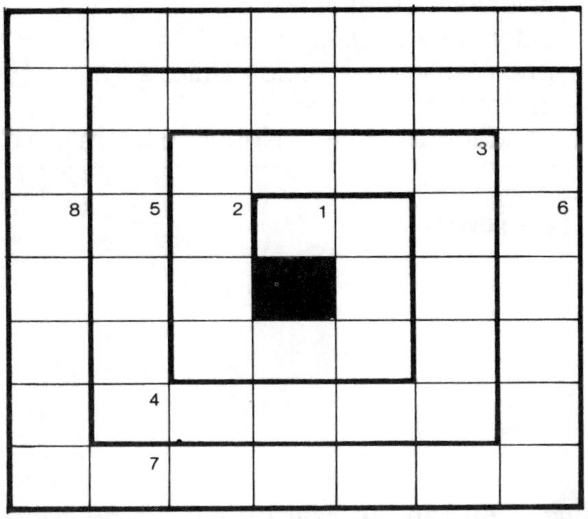

1. Ser (vosotros).
2. Salir (ella).
3. Olvidar (ellos).
4. Nacer (yo).
5. Informar (tú).
6. Explicar (nosotros).
7. Saludar (yo).
8. Entender (nosotros).

2 Was kommt zuerst, was danach? Können Sie diese Verben in eine logische Reihenfolge bringen?

estudiar	empezar a trabajar	divorciarse	morirse	tener un hijo
enamorarse	jubilarse		casarse	nacer

1. Nacer
2. ....
3. ....
4. ....
5. ....
6. ....
7. ....
8. ....
9. Morirse

3 a) In jeder Frage fehlt eine Präposition: *a, con, en* oder *entre.* Ergänzen Sie!

1. ¿Dónde conociste ______ tu profesor(a) de español?
2. ¿ ______ qué año naciste?
3. ¿ ______ dónde fuiste de vacaciones el verano pasado?
4. ¿En qué año entraste ______ el colegio?
5. ¿Dónde viviste ______ 1988 y 1991?
6. ¿ ______ quién vives ahora?

b) Beantworten Sie nun die Fragen von 3a.

1. ....
2. ....
3. ....
4. ....
5. ....
6. ....

4 **Wodurch wurden diese Menschen berühmt? Ordnen Sie jede Person ihrer besonderen Funktion oder Leistung zu. Bilden Sie dabei vollständige Sätze.**

1. Alexander Graham Bell. → — inventor del teléfono
2. Jimmy Carter.
3. Cristóbal Colón.
4. Los hermanos Lumière.
5. Gabriel García Márquez.
6. Cervantes.

— descubridor de América
— inventor del teléfono
— autor de «El Quijote»
— presidente de Estados Unidos
— inventores del cine
— ganador del Premio Nobel de Literatura en 1982

1. Alexander Graham Bell inventó el teléfono.
2.
3.
4.
5.
6.

5 **Wenn Sie die Zeilen 1 bis 11 richtig ausfüllen, ergibt sich in der senkrechten Spalte der Name eines berühmten lateinamerikanischen Politikers.**

```
 1. _ _ _ _ _ _ _ | _ | _ _ _
               2. _ | _ | _ _ _ _
                 3. | _ | _ _ _ _
4. _ _ _ _ _ _ _ _ | _ |
             5. _ _ | _ | _ _
             6. _ _ | _ | _ _ _ _
           7. _ _ _ | _ | _ _ _
         8. _ _ _ _ | _ | _ _ _ _ _
                 9. | _ | _ _ _ _
     10. _ _ _ _ _ _ | _ | _ _
              11. _ | _ | _ _ _
```

1. Está en la cocina y sirve para conservar alimentos.
2. — Pues yo no estoy de acuerdo contigo. Creo que no ... razón.
3. — ¿Me ... ese libro un momento?
4. Es lo mismo que «irse a la cama».
5. — ¡... cumpleaños!
6. La necesitas para tomar sopa, por ejemplo.
7. En un ... venden tabaco, sellos, etc.
8. El sustantivo es «satisfacción»; el adjetivo, ...
9. — ¿Por qué no te ... una aspirina?
10. — Perdona por llegar tarde, pero es que he tardado mucho en ... aparcamiento.
11. — ¿Sabes ... la guitarra?

6 **Bilden Sie Fragen wie im Beispiel angegeben.**

¿Dónde / nacer?

¿Dónde nació?

1. ¿Dónde / nacer?
2. ¿Dónde / estudiar?
3. ¿En qué año / nacer?
4. ¿Con quién / casarse?
5. ¿Cuántos hijos / tener?
6. ¿En qué año / morir?
7. ¿Por qué / ser / famosa?

7 **Lesen Sie diese Angaben über Luis Buñuel, den berühmten spanischen Regisseur, und schreiben Sie auf einen Zettel einen kurzen Text über sein Leben.**

Luis Buñuel (Calanda, 1900 - México, 1983). Estudios de Filosofía y Letras en Madrid. Fundador y director del primer cineclub español. Colaboración de Salvador Dalí en sus dos primeras películas (*Un perro andaluz* y *La edad de oro*). Exilio en México. Muchas películas famosas, entre ellas *Los olvidados*, *Tristana* y *Viridiana*. Ganador de la Palma de Oro del Festival de Cannes en 1961.

8 **Beschreiben Sie das Leben einer/s berühmten Deutschen.**

1 **Stellen Sie fest, welches Wort nicht dazu gehört, und begründen Sie es.**

1. Con para (entrar) de en.
2. A menudo a veces siempre lejos alguna vez.
3. Dice sé viendo creo pensamos.
4. Tontos calendarios precioso barato amable.
5. Coche tenedores piernas árboles autobuses.
6. Hecho digo salido visto estudiado.

A. Es gerundio, no presente. viendo ....
B. Es un sustantivo pero no plural. ....
C. Es un verbo, no una preposición. ....
D. Es presente, no participio. ....
E. No expresa frecuencia. ....
F. No es un adjetivo. ....

2 **Können Sie 12 Fragen mit den Wörtern der fünf Kästchen formulieren?**

¿Has	hablado ido jugado bebido tocado estado escrito visto	alguna vez	en a al con Ø	barco un famoso Roma un avión Estados Unidos golf un poema tequila un saxofón	?

1. ....
2. ....
3. ....
4. ....
5. ....
6. ....
7. ....
8. ....
9. ....
10. ....
11. ....
12. ....

3 **Schreiben Sie passende Antworten zu den Fragen von Übung 2.**

1. .... 7. ....
2. .... 8. ....
3. .... 9. ....
4. .... 10. ....
5. .... 11. ....
6. .... 12. ....

4 a) **Machen Sie eine Liste von acht Dingen, die Sie täglich tun.**

1. ....
2. ....
3. ....
4. ....
5. ....
6. ....
7. ....
8. ....

b) **Jetzt schreiben Sie, welche Sie heute bereits gemacht haben, und welche nicht.**

1. ....
2. ....
3. ....
4. ....
5. ....
6. ....
7. ....
8. ....

c) **Was davon haben Sie gestern gemacht? Verwenden Sie das Indefinido!**

1. ....
2. ....
3. ....
4. ....
5. ....
6. ....
7. ....
8. ....

5 **Ordnen und schreiben Sie die Sätze korrekt.**

1. estoy contigo acuerdo yo de

   ....

2. tiene que Marisa creo razón yo

   ....

3. ¿Jesús acuerdo estás con de?

   ....

4. creo razón que yo pues tienes no

   ....

6 **Bilden Sie Fragen wie im Beispiel angegeben.**

¿Estar / Moscú?

¿Has estado alguna vez en Moscú?

1. ¿Estar / Moscú?
2. ¿Jugar / baloncesto?
3. ¿Ir / Portugal?
4. ¿Comer / arroz a la cubana?
5. ¿Bañarse / Mediterráneo?

7 **Schreiben Sie die Verben in der passenden Perfekt- oder Indefinido-Form.**

1. Ayer por la noche ______ con unos amigos. (salir, yo)
2. En 1954 ______ personalmente a Isabel Allende. (conocer, ella)
3. Hace tres meses __________ a España. (ir, nosotros)
4. Este lunes ______ un curso de español. (empezar, él)
5. Hace dos minutos ______ a María. (ver, yo)
6. Anteayer ________ una película muy buena. (ver, nosotros)
7. Cuando te ______ , me ______ muchas cosas de ti. (conocer, yo; contar, ellos)
8. Toda mi vida ______ muy mala suerte. (tener, yo)
9. Este verano ________ a una persona muy interesante. (conocer, yo)
10. Esta semana ______ mucho. (trabajar, ella)
11. ¡A los trece años ______ su primer hijo! (tener, ella)
12. Todavía no ______ a Manolo. Creo que ________ ayer de Costa Rica. (ver, yo; llegar, él)

8 **Mit den Wörtern aus den Kästchen bilden Sie Sätze, mit denen Sie sich identifizieren und schreiben Sie sie auf einen Zettel auf.**

Anoche	he visto	muchísimo
Hoy	fui	un sombrero
El otro día	estuve	al dentista
El mes pasado	no hice	muy tarde de clase
El año pasado	he trabajado	una película buenísima
Esta semana	salí	los deberes
Desde noviembre	me compré	de vacaciones en el extranjero
Hace dos semanas	he aprendido	al cine
	he hecho	español
	comí	mucho deporte
		una tarta de chocolate

9 **Ihre sehr persönliche Biographie ...**

Sie haben in Ihrem letzten Spanienurlaub einen Menschen kennengelernt, den/die Sie sehr mögen. Sie möchten ihm/ihr wichtige Sachen aus Ihrem Leben erzählen. Schreiben Sie ihm/ihr einen sehr persönlichen Brief, z. B. über einige der folgenden Ereignisse:

- un éxito personal
- las vacaciones más impresionantes
- una situación inolvidable
- la mejor fiesta de su vida
- un accidente
- un encuentro con una persona
- un acontecimiento familiar (boda ...)
- la muerte de una persona querida
- y...

Querido... / Querida...
....
....
....

10 **Lernen Sie auch Spanisch außerhalb des Kurses? Was hat Ihnen am Kurs gefallen? Was nicht? Schreiben Sie es auf.**

Lösungsschlüssel

Nachstehend finden Sie die Lösungen zu den Übungen, die Ihnen in diesem Arbeitsbuch angeboten werden. Manchmal sind ja mehrere Lösungen möglich. In diesen Fällen ist jeweils ein Vorschlag abgedruckt, mit dem Vermerk: „mögliche Lösung(en)". Dies heißt natürlich nicht, daß Ihre Lösung, sollte sie sehr anders aussehen, falsch sein muß!

Lección 1

1
— Me llamo Luis / Marta. ¿Y tú?
~ Yo me llamo Marta / Luis.
— ¡Hola!
~ ¡Hola!

2

08:15	¡Buenos días!	15:20	¡Buenas tardes!
23:05	¡Buenas noches!	11:00	¡Buenos días!

3
Yo me llamo Irene.
Tú te llamas Carlos.
Ella se llama Carmen.
Usted se llama Marta Moreno.

4
b - a - r ; e - s - p - a - ñ - o - l ; h - o - l - a ; n - o ; n - o - m - b - r - e ; m - a - ñ - a - n - a

5
1. ¿Cómo se escribe?
2. No entiendo. ¿Puedes repetir, por favor?
3. ¿Está bien así?
4. No.
5. Sí.

6

cine	museo	adiós
teléfono	restaurante	pasaporte

8
Mögliche Lösungen:
1. ¿Cómo se llama el Presidente del Gobierno español?
2. ¡Adiós! ¡Hasta mañana!
3. ¿Cómo se escribe quiosco en español?
4. ¿Está bien así?
5. ¿Cómo te llamas? / ¿Cómo se llama (usted)? / ¿Cómo se llama (él / ella)?
6. ¡Hola Charo! ¡Buenos días!

Lección 2

1a

B	A	R	G	E	N	T	I	N	O
J	A	P	O	N	E	S	T	U	R
H	X	I	R	U	F	X	A	G	M
O	D	F	O	J	R	Y	L	R	E
L	A	L	E	M	A	N	I	O	X
A	M	O	V	I	N	E	A	P	I
N	O	S	U	E	C	A	N	E	C
D	I	N	G	L	E	S	A	F	A
E	H	Q	Y	H	S	O	C	U	N
S	J	O	S	U	I	Z	A	D	A

1b

	männlich	*weiblich*
2.	alemán	alemana
3.	argentino	argentina
4.	francés	francesa
5.	inglés	inglesa
6.	italiano	italiana
7.	japonés	japonesa
8.	mexicano	mexicana
9.	sueco	sueca
10.	suizo	suiza

2
1. Carlos es español.
2. Maria es italiana.
3. Gabriel es colombiano.
4. Ana es argentina.
5. Peter es alemán.
6. Elizabeth es inglesa.
7. Annick es francesa.
8. Bernd es suizo.

3
— ¿Cómo se **dice** «auf Wiedersehen» en español?
~ «Adiós».
— ¿Cómo se **escribe**?
~ A - d - i - ...
— **Más** despacio, por favor.
~ A - d - i - ó - s.
— ¿Está **bien** así?
~ A ver ... Sí, **está** bien.

4

1.	¿Cómo te llamas?	Me llamo ...
2.	¿De dónde es?	Soy de ...
3.	¿Qué lenguas hablas?	Hablo ...

5

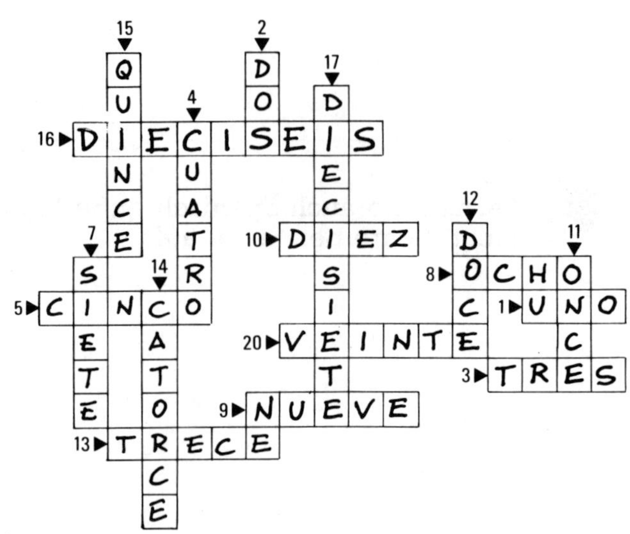

6 dieciséis
italiano

7

1. Italia	6. México
2. Rusia	7. Estados Unidos
3. Japón	8. Inglaterra
4. Brasil	9. Suiza
5. Estados Unidos	10. Francia

8 1.- c ; 2.- g ; 3.- e ; 4. - h ; 5.- i ; 6. - d
(a., b. und f. bleiben übrig)

10 *Mögliche Lösungen:*
1. Me llamo Ana Pérez.
2. Soy chilena, de Santiago.
3. Vivo en Nuremberg, en el centro de la ciudad.
4. Hablo castellano, francés y un poco de alemán.
5. No hablo portugués. / No sé portugués.

Lección 3

1a

A. médico	D. camarero
B. secretaria	E. profesor
C. dependienta	F. ingeniero

1b periodista

2a Premio Nobel de la Paz 1993 - Rigoberta Menchú
Escritor y político - Mario Vargas Llosa
Presidente de Cuba - Fidel Castro
Escritora chilena - Isabel Allende
Rey de España - Juan Carlos
Famoso guitarrista español - Paco de Lucía
Futbolista argentino - Maradona
Poeta español - Federico García Lorca

3 *Fehlende Zahlwörter:*
doce (12), trece (13), quince (15), cuarenta y nueve (49), sesenta y siete (67).

4
9 nueve
11 once
30 treinta
15 quince
4 cuatro
32 treinta y dos
6 seis
31 treinta y uno
12 doce
7 siete
70 setenta
Senkrecht: veintisiete

5

	yo	*tú*	*él / ella / usted*
ser	soy	eres	es
trabajar	trabajo	trabajas	trabaja
estudiar	estudio	estudias	estudia
tener	tengo	tienes	tiene
hacer	hago	haces	hace
vivir	vivo	vives	vive

6
1. ¿Cómo te llamas?
2. ¿De dónde eres?
3. ¿Qué hace?
4. ¿Dónde vives?
5. ¿Qué número de teléfono tiene?

7 *Mögliche Lösungen:*
Soy periodista.
Trabaja en Bolivia.
Trabaja en un restaurante.
Trabaja en la calle Churruca.
Hablo inglés y un poco de francés.
Estudia Filosofía.
Vive en Bolivia.
Vive en la calle Churruca.

8a
— Tú eres sudamericana, ¿verdad?
~ Sí, soy **colombiana**.
— ¿De Bogotá?
~ No, **de** Medellín.
— Yo soy catalán, pero **vivo** en Madrid.
~ ¡Ah!
— ¿Qué haces? ¿Estudias o trabajas?
~ Trabajo **en** un hospital, **soy** médica.
— Pues **yo** estudio psicología.

9 *Mögliche Lösungen:*
la calle Galileo
la avenida Libertad
la dirección de una compañera
el teléfono de la policía
la foto del restaurante
el apellido de Silvia
el nombre del hospital
el número de teléfono
el camarero de un restaurante

10 *Mögliche Lösungen:*
1. No, el guitarrista no se llama Pablo Casals, se llama Paco de Lucía.
2. No, no es colombiano, es holandés ...
3. No, no hablo chino, hablo inglés y francés.
4. No, no vive en Alemania.

11a
1. Un, un
2. Una, una
3. Un, un, un

11b
4. la
5. la
6. la, la

12

1. Dónde	6. Cuál
2. En qué	7. Qué
3. Quién	8. De dónde
4. Dónde	9. En qué
5. Qué	10. Cuál

Lección 4

1 *Dialog 1*
— Buenos días. ¿Qué tal está, señor Pérez?
~ Muy bien, gracias. ¿Y usted?
— Bien también. Mire, le presento a la señora Gómez. El señor Sáez.
~ Encantado.
— Mucho gusto.

Dialog 2
— ¡Hola, Gloria! ¿Qué tal?
~ Muy bien. Mira, éste es Julio, un compañero de clase. Y ésta, Cristina, una amiga.
— ¡Hola!
— ¡Hola!

2
1. Buenas tardes, señor Coll.
2. ¿**La** señorita Díaz, por favor?
3. ¿Qué tal, señor Tejedor?
4. Perdone, ¿es usted **el** señor Urrutia?
5. Mire, le presento **a la** señora Ugarte.
6. Buenos días. Soy **el** señor Villanueva.
7. Hasta mañana, señora Castaños.

3 *Mögliche Lösungen:*
1. ¿La señora Torres, por favor?
2. Adiós, señor Montes.
3. Buenos días. ¿Qué tal está señor Sánchez?
4. ¿La señorita Montero, por favor?
5. Hola Carlos, ésta es María, una compañera de trabajo. Éste es Carlos, un amigo.
6. Buenas tardes, señor Barrera.
7. Le presento a la señora Hermosilla. El señor Sagasta.

4a

2. usted	5. usted
3. tú	6. tú
4. usted	7. tú

4b *Tú:* ¿Eres estudiante? / Eres holandés, ¿verdad? / ¿Dónde trabajas?
Usted: ¿Qué tal está? / ¿Qué estudia? / ¿Qué lenguas habla? / Vive en Bilbao, ¿no?

5 *Mögliche Lösungen:*
2. Ella es de Hamburgo.
3. Le presento al director de «Motesa».
4. No tengo el número de teléfono de la Sra. Salinas, pero tengo el número de la profesora.
5. No tengo el número del profesor.

7

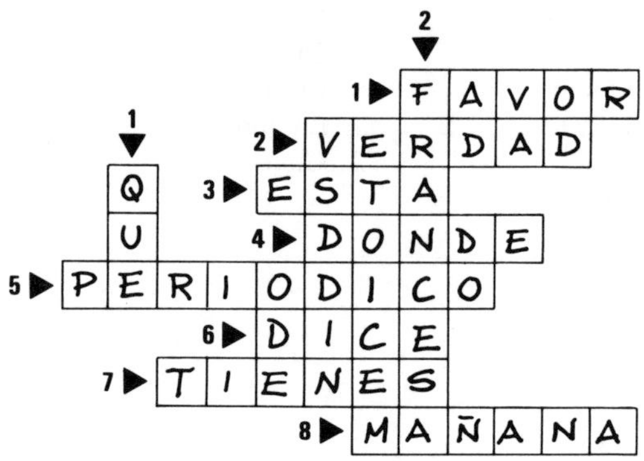

8
1. Es italiano.
2. ¿Es profesor de física?
3. ¿Vive en Argentina?
4. ¿Estudia medicina?
5. Trabaja en un restaurante.

Lección 5

1

O	C	L	I	T	R	M	A
H	E	R	M	A	N	A	P
I	K	D	U	V	O	D	N
J	E	Ñ	J	Ñ	U	R	I
A	B	U	E	L	A	E	E
D	I	X	R	P	T	B	T
N	S	O	B	R	I	N	A
U	F	D	E	C	A	Y	V

2

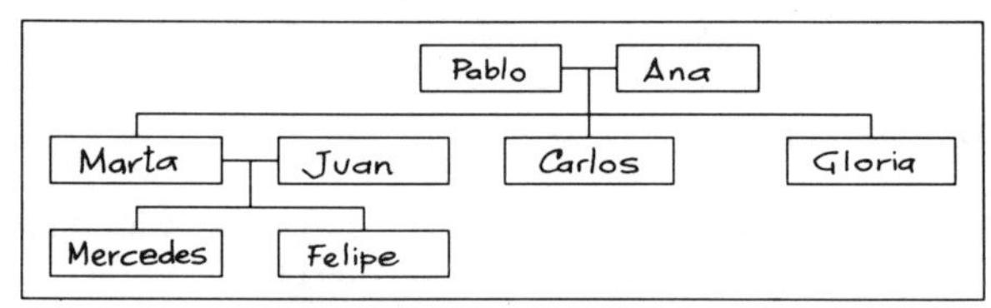

4

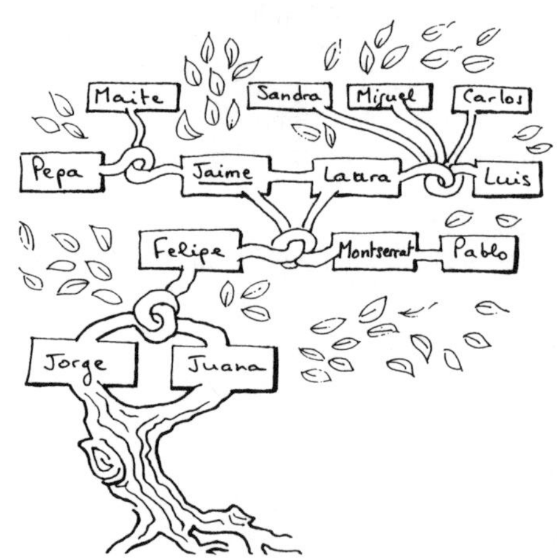

El abuelo de Sandra se llama Felipe.

5 *Mögliche Lösungen:*
2. Es chileno.
3. Tiene treinta y ocho años.
4. Está casado.
5. Tiene cuatro hijos.
6. Es alto y moreno.

6a
1. qué
2. Cuántos
3. Dónde
4. Quién
5. Cómo
6. Cuántos
7. qué

6b A - 2; B - 3; C - 7; D - 6; E - 4; F - 1; G - 5

7a *Singular:* hospital, dependiente, japonés, tía, bar, delgado, joven, madre, francés
Plural: altas, calles, alemanas, restaurantes, hijos

7b

	Singular	*Plural*
2.	alta	altas
3.	dependiente	dependientes
4.	japonés	japoneses
5.	tía	tías
6.	bar	bares
7.	calle	calles
8.	delgado	delgados
9.	alemana	alemanas
10.	joven	jóvenes
11.	restaurante	restaurantes
12.	hijo	hijos
13.	madre	madres
14.	francés	franceses

8
1. tiene
2. Están
3. son, tienen
4. viven
5. habla
6. Tenéis
7. Trabajan, están

9 *Mögliche Lösungen:*
1. Nosotros estudiamos Psicología.
2. ¿Ustedes viven en París?
3. Luis y Eva tienen dos hijos.
4. Mi marido y yo trabajamos en un bar.
5. ¿Vosotros tenéis hijos?
6. Carlos está bien.
7. Luis y Eva son solteros.
8. Nosotros vivimos en París.

10

	nosotros/-as	*vosotros/-as*	*ellos/-as/ ustedes*
ser	somos	sois	son
estar	estamos	estáis	están
hablar	hablamos	habláis	hablan
hacer	hacemos	hacéis	hacen
estudiar	estudiamos	estudiáis	estudian
tener	tenemos	tenéis	tienen
vivir	vivimos	vivís	viven

11

A	T	I	C	A
P	J	O	V	L
M			E	T
I	S	E	N	O
O	I	R	E	S

12b
3. ¿A qué se dedica?
4. ¿A qué se dedican tus padres?
5. ¿A qué se dedican?
6. ¿A qué se dedica tu hermano?

13
2. Un compañero de trabajo.
3. ¿Cuántos sobrinos tienes?
4. Uno de cuatro años.
5. ¿A qué se dedica tu hermano?
6. Trabaja en un restaurante.

Lección 6

1

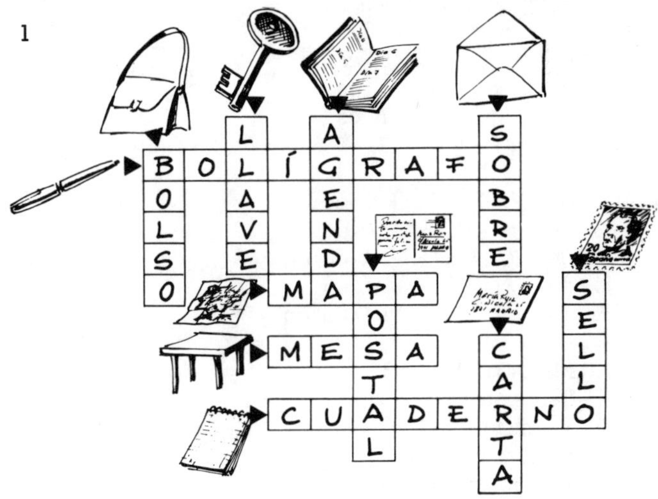

2 cuatro mil quinientos sesenta y siete (4.567)
cinco mil seiscientos setenta y ocho (5.678)
seis mil setecientos ochenta y nueve (6.789)
siete mil ochocientos noventa (7.890)
ocho mil novecientos cincuenta (8.950)

3a
1. ¿Cuál es la moneda de Argentina?
2. ¿Qué desea?
3. ¿Tienen mapas?
4. ¿Puedo ver ése verde?
5. ¿Cuánto cuesta este bolso?

3b A - 5; B - 1; C -3; D - 2; E - 4

4
2. ¿Cuánto cuesta este cuaderno?
3. ¿Cuánto cuesta esta postal?
4. ¿Cuánto cuestan estos sobres?
5. ¿Cuánto cuesta este mapa?
6. ¿Cuánto cuestan estas gafas?
7. ¿Cuánto cuesta esta agenda?
8. ¿Cuánto cuesta este reloj?

5 *Mögliche Lösungen:*
Länder: Japón, Bélgica, Portugal, Brasil, Suiza, Suecia
Staatsangehörigkeiten: belga, inglesa, suiza, sueca
Verwandtschaftsbeziehungen: padre, madre, tío/-a, sobrina, abuelo, nieto/-a
Adjektive: alto, bajo, gorda, guapo, rubio/-a, morena
Farben: negro/-a, blanco, roja, azul, gris
Gegenstände: libro, cuaderno, lápiz, sobre, postal

6

4.000	ptas	cuatro mil pesetas
25.000	ptas	veinticinco mil pesetas
3.452	pesos	tres mil cuatrocientos cincuenta y dos pesos
6.715	pesos	seis mil setecientos quince pesos
977	$	novecientos setenta y siete dólares

Lección 7

1

a. playa	d. ingeniero
b. abuela	e. serio
c. río	

Europäische Hauptstadt: París.

2

1. es	5. es
2. es	6. es
3. es	7. es
4. está	

3

1. de	6. de
2. en	7. de
3. de	8. en, en
4. en	9. en
5. de	10. En, en

4

1. Madrid: 3.108.463
2. Barcelona: 1.712.350
3. Valencia: 749.574
4. Sevilla: 669.976
5. Zaragoza: 586.574
6. Málaga: 555.518

5

1. ¿Cuál es la capital de España?
2. ¿Dónde está Sevilla?
3. ¿Por qué es famosa La Mancha?
4. ¿Por qué es famosa La Rioja?
5. ¿Dónde está Alicante?
6. ¿Cómo es Toledo?
7. ¿Cuáles son las ciudades turísticas de España?

6

1. muy, muy, muy
2. muchos
3. muy
4. muy, muchos
5. muchos

Lección 8

1

S	U	B	E	S	I	L	L	A	D
I	C	T	R	O	V	E	K	H	E
L	P	E	V	F	A	Z	U	C	I
L	A	R	M	A	R	I	O	Ñ	C
O	X	A	B	F	A	G	L	E	A
N	U	R	O	P	Y	B	U	L	M
E	S	T	A	N	T	E	R	I	A
Q	I	L	H	U	S	F	U	P	G
O	R	M	E	S	I	L	L	A	Y

2 *Mögliche Lösungen:*
Cocina: lavadora, cocina de gas, frigorífico, silla
Dormitorio: silla, armario, mesilla, cama
Baño: lavabo, ducha, bañera
Salón: televisión, silla, estantería, sillón, sofá

3

2. ancha - estrecha
3. barato - caro
4. delgado - gordo
5. feo - bonito
6. moderna - antigua
7. nueva - vieja
8. pequeña - grande

Übrig: tranquila, inteligente, famosa, gracioso.

4 Mi piso **es** bastante grande. **Tiene** cuatro habitaciones, salón, cocina y baño. También **tiene** dos terrazas, pero muy pequeñas. **Es** bastante antiguo y muy bonito. Además, **da** a una plaza muy tranquila y **tiene** mucha luz. Lo malo es que **es** un cuarto piso y no **tiene** ascensor.

5 *Mögliche Lösung:*
Mi casa ideal es grande y luminosa. Tiene dos habitaciones, salón, cocina, baño y una terraza. Es antigua y da a una calle tranquila del centro histórico de la ciudad.

BUSCO CASA
Con terraza, céntrica, luminosa y tranquila. 170 m^2, 2 dormitorios, salón, cocina y baño nuevos. Hasta 190.000 pesetas/mes. Tfno.: 4135720

6 *Mögliche Lösungen:*
El piso es muy grande.
El piso es muy luminoso.
El sofá es muy barato.
El sofá es muy cómodo.
La calle es muy tranquila.
La calle tiene mucho tráfico.
La lámpara es muy bonita.
La ciudad es muy tranquila.
La ciudad tiene mucho tráfico.
La habitación es muy grande.
La habitación tiene mucha luz.

7a

1. Verdadero.	4. Verdadero.
2. Falso.	5. Falso.
3. Falso.	6. Verdadero.

7b

2. El perro y el niño están a la izquierda del árbol.
3. La abuela está delante del abuelo.
5. El perro está encima del periódico.

8 *Mögliche Lösungen:*

2. El gato está a la izquierda de la mesa. / a la derecha de la mesa.
3. El teléfono está encima de la mesita. / entre la mesita y el sofá.
4. El periódico está encima de la mesita. / debajo de la mesita.
5. La silla está detrás de la mesa. / delante de la mesa.

11 *Mögliche Lösungen:*
SE VENDE PISO
150 m²: 2 dormitorios, salón, comedor, cocina y 2 baños. Terraza.
Zona centro. 50.000.000 ptas.- Tfno.: 7678953 (mañanas).

Lección 9

1
1. museo
2. farmacia
3. estación de metro
4. aparcamiento
5. parada de autobús
6. café
7. estanco
8. cine

2
1. está
2. hay, hay
3. está
4. hay
5. está
6. está

3
1. un, uno
2. El
3. una, una
4. La
5. el
6. el
7. un, uno

4a
2. tú
3. usted
4. tú
5. usted
6. usted

4b *Tú:* Cruza la plaza de los Claveles. / Coge la primera a la derecha. / Gira la segunda a la izquierda. / ¿Sabes dónde hay una cabina de teléfonos?
Usted: Siga todo recto. / Oiga, perdone, ¿el paseo de Rosales está por aquí?

5 *Mögliche Lösungen:*
1. Sí, está muy cerca de aquí: coge la primera calle a la derecha y después la segunda a la izquierda, después de la oficina de correos. Cruza la primera calle y la biblioteca está a la derecha.
2. Sí. Mire, coja esta primera calle a la izquierda y después la primera a la derecha. Siga por esa calle, y tome la segunda calle a la derecha.

6
1.35 Las dos menos veinticinco.
3.15 Las tres y cuarto.
3.51 Las cuatro menos nueve minutos.
5.13 Las cinco y trece minutos.
5.31 Las seis menos veintinueve minutos.

7a 1 - A; 2 - C; 3 - B

8a
1. Verdadero.
2. Verdadero o falso.
3. Verdadero o falso.
4. Falso.
5. Verdadero.
6. Verdadero.
7. Falso.

8b *Mögliche Lösungen:*
4. Una hora tiene tres mil seiscientos segundos. / Un minuto tiene sesenta segundos.
7. El miércoles no es un día del fin de semana. / El sábado es un día del fin de semana. / El domingo es un día del fin de semana.

11 *Mögliche Lösungen:*
El museo romano-germánico está en la plaza Roncalli, número 4, en Colonia. El teléfono es el 221304. Abre de martes a viernes de diez a cuatro, los sábados y los domingos de once a cuatro. Puedes ir en metro, línea Dom / Hauptbahnhof ...

Lección 10

1

S	R	O	L	E	E	R	P	Y
M	A	Q	E	S	G	Y	A	L
E	F	L	B	Ñ	U	O	M	X
A	V	U	I	C	A	P	U	F
T	E	A	T	R	O	H	S	O
E	K	E	I	B	N	V	I	Q
N	U	X	G	C	O	J	C	U
I	T	O	B	A	I	L	A	R
S	H	Ñ	E	P	C	I	N	E

2
1. gusta
2. gusta
3. gustan
4. gusta
5. gusta
6. gustan
7. gustan
8. gusta
9. gustan
10. gusta
11. gusta

3
2. Rosa: ¿Te gusta el cine?
   Marta: Sí, ¿y a ti?
   Rosa: A mí también.
3. Rosa: ¿Te gusta leer?
   Óscar: No, ¿y a ti?
   Rosa: A mí sí.
4. Marta: ¿Te gusta el tenis?
   Rosa: No, ¿y a ti?
   Marta: A mí tampoco.
5. Óscar: ¿Te gusta el rock?
   Rosa: No, ¿y a ti?
   Óscar: A mí sí.
6. Óscar: ¿Te gusta el teatro?
   Marta: No, ¿y a ti?
   Óscar: A mí tampoco.

4
2. No nos gusta nada esquiar.
3. ¿Os gusta la música pop?
4. A nosotros nos encantan los gatos.
5. A mí no me gusta nada el rock.
6. A mis padres les encanta bailar.
7. ¿Le gusta la música clásica?
8. A mi abuelo le gusta mucho la televisión.

7
2. A nosotros no nos gustan nada los ordenadores.
3. A Irene le encantan las discotecas.
4. A Susana y a Enrique no les gusta el flamenco.
5. A Pilar no le gustan nada las novelas policíacas.
6. A Pedro y a Juliana les encanta ir a su pueblo.

Lección 11

1

1. comer	6. desayunar
2. volver	7. cenar
3. empezar	8. acostarse
4. ir	9. terminar
5. levantarse	10. trabajar

2 *regelmäßig:* comer, levantarse, desayunar, cenar, terminar, trabajar
unregelmäßig: volver, empezar, ir, acostarse

3
1. ¿A qué hora **te** levantas?
2. ¿Desayunas **en** casa?
3. ¿Trabajas cerca **de** casa?
4. ¿A qué hora empiezas **a** trabajar?
5. ¿Trabajas **por** la tarde?
6. ¿**Te** acuestas muy tarde?
7. ¿A qué hora terminas **de** trabajar?

4 *Mögliche Lösungen:*
1. Siempre almuerza a las tres.
2. Todos los días desayuno en un café.
3. A veces voy a la ópera.
4. Por las mañanas tengo mucho sueño.
5. Los martes salgo de casa muy tarde.
6. Los sábados me visto elegante.
7. Todo el día hago muchas cosas.
8. Por la noche se acuesta muy tarde.

5 Elisa es enfermera, **trabaja** en un hospital. **Se** levanta a las siete menos cuarto y empieza **a** trabajar a las ocho. Todos los días **come** a la una y media en el restaurante del hospital con algunos compañeros de trabajo. **Termina** de trabajar a las cinco en punto y después **va** a clase de inglés. Luego **vuelve** a casa y **cena** con su familia. Normalmente se **acuesta** bastante pronto, sobre las once.

6 ¿A qué hora te levantas?
¿Y a qué hora empiezas a trabajar?
¿Dónde comes?
¿A qué hora terminas de trabajar?
¿Y qué haces después/luego?
¿Dónde cenas?
¿Te acuestas (muy) tarde?

8
1. ¿Comes en casa?
2. No, en el restaurante de mi trabajo.
3. ¿Trabajas por la tarde?
4. Sí, hasta las cinco y cuarto.
5. ¿Te acuestas muy tarde?
6. Los fines de semana, sí.

9

1. Dónde	6. Qué
2. Cómo	7. Cómo
3. Qué	8. Cuántos
4. A qué	9. Quién
5. Cuándo	10. Dónde

Lección 12

1 *Mögliche Lösungen:*

1. hacer la limpieza	7. ver la televisión
2. hacer la compra	8. comer fuera
3. hacer deporte	9. ir al campo
4. escuchar la radio	10. ir de compras
5. jugar al tenis	11. ir de copas
6. jugar al fútbol	12. ir al cine

2 *Actividades de tiempo libre:* esquiar, pasear, ir a conciertos, ir al teatro, ver exposiciones
Días de la semana: viernes, domingo, jueves, lunes, miércoles
Cosas que hacemos todos los días: comer, acostarse, desayunar, cenar, levantarse
Adverbios de frecuencia: nunca, a veces, normalmente, a menudo, siempre

3a (...) Después, salimos a comprar el periódico y nos damos una vuelta o vamos a ver alguna **exposición.** Siempre **tomamos** el vermú fuera y luego comemos en algún **restaurante** o con nuestras familias. Por la tarde, siempre nos quedamos en casa y escuchamos **música** o vemos alguna película en el **vídeo** o en la televisión. A veces vienen algunos amigos nuestros a pasar la tarde con nosotros, pero no **salimos** nunca ...

3b *beber:* tomar
pasear: dar un paseo
aperitivo: vermú

3c normalmente, siempre, a veces, nunca

4 *Mögliche Lösungen:*
2. Salen a comprar el periódico.
3. Se dan una vuelta o van a ver alguna exposición.
4. Toman el vermú fuera.
5. Comen en algún restaurante o con sus familias.
6. Por la tarde se quedan en casa.
7. Por la tarde escuchan música o ven alguna película en el vídeo o en la televisión.
8. A veces pasan la tarde en casa con amigos.

5

1. a	5. a
2. por	6. de
3. a	7. de
4. en	

6
2. Los sábados nos acostamos bastante tarde.
3. ¿Veis mucho la televisión?
4. ¿Os gusta montar en bicicleta?
5. ¿Cuándo hacéis la compra?
6. Mis padres se levantan bastante pronto.
7. ¿Trabajan los fines de semana?
8. Ana y Pepe hacen mucho deporte los fines de semana.
9. ¿Les gusta esquiar?
10. ¿Salís mucho?
11. Cuando vais a Caracas, ¿dormís en casa de María?
12. Cuando salís por las noches, ¿os divertís mucho?
13. Nunca venís a nuestra casa ni nos llamáis por teléfono.

Lección 13

1 *Mögliche Lösungen:*
Profesiones: camarero, taxista, maestro/-a, médico/-a, dentista, músico/-a
Medios de transporte: avión, tren, metro, tranvía, moto

2 *Mögliche Lösungen:*
2. Un/a taxista trabaja en un taxi.
3. Un/a maestro/-a trabaja en una escuela o instituto.
4. Un/a médico/-a trabaja en un hospital o en una consulta.
5. Un/a dentista trabaja en una consulta.
6. Un/a músico/-a trabaja en una orquesta, en un grupo.

3

nombre	*profesión*	*lugar de trabajo*	*medio de transporte*
Begoña	peluquera	peluquería	metro
Helena	maestra	escuela	autobús
Lola	azafata	avión	coche

4
1. Va a clase de inglés dos días a la semana (por semana).
2. Visita a su familia todos los sábados (cada sábado).
3. Hace gimnasia dos veces al día.
4. Hace los deberes cinco días a la semana (por semana).
5. Cambia de trabajo cada dos años.
6. Va al cine dos días a la semana.
7. Coge vacaciones una vez al año, en julio.

5
1. Juana es maestra.
2. Ángela es dependienta.
3. Nuria es escritora.

6 **Todos los** días me levanto muy temprano, **a** las cinco de la mañana. Después **de** ducharme y desayunar, salgo **de** casa **a** las seis menos cuarto. Voy **al** trabajo **en** metro pero vuelvo **a** pie, porque quiero andar un poco y el trabajo no está muy **lejos** de mi casa: tardo sólo quince minutos **en** llegar. Trabajo todo **el** día en el metro: arreglo escaleras mecánicas, ascensores, máquinas ... Una vez **a** la semana trabajo **fuera**, al aire libre. Al mediodía como **con** mis compañeros **de** trabajo **en** un restaurante muy barato pero muy bueno. Hablamos **de** política, **de** mujeres, de todo ... **Por** las tardes vuelvo **a** trabajar **a** la una y acabo **entre** las cuatro y las cinco. **Por** las noches estoy muy cansado y muchas veces me quedo **en** casa. Así es mi día normal de trabajo. Muchos fines **de** semana salgo **al** campo.

7
2. ¿Cuántas horas trabajas a la semana?
3. ¿Cuántos días libres tienes a la semana?
4. ¿Cuántas vacaciones tienes al año?

8
1. ¿Cómo vienes a la universidad?
2. En coche, con unos amigos.
3. ¿Qué es lo que más te gusta de la clase?
4. Que hacemos muchas cosas diferentes.
5. ¿Y lo que menos?
6. Escuchar cintas.

Lección 14

1
1. segundo
2. minuto
3. hora
4. día
5. semana
6. mes
7. trimestre
8. semestre
9. año
10. siglo

2

Infinitiv	*Präsens (1. Pers. Sing)*	*Partizip*
empezar	empiezo	empezado
leer	leo	leído
comer	como	comido
hacer	hago	hecho
volver	vuelvo	vuelto
escribir	escribo	escrito
ver	veo	visto
encontrar	encuentro	encontrado
dormir	duermo	dormido

3a *Mögliche Lösungen:*
A. Se ha levantado a las siete, ha cogido el autobús a las siete y media, ha ido a la tienda a las ocho, ha comido a las doce, ha vendido mucho a las tres y media y ha cerrado la tienda a las seis.
B. Se ha levantado a las siete, ha cogido el coche a las siete y media, ha llegado a la consulta a las ocho, ha comido a las doce y media, ha atendido a muchos pacientes a las dos y ha vuelto a casa a las seis de la tarde.
C. Se ha levantado a las ocho y media, ha cogido el coche a las nueve, ha llegado a la obra a las nueve y media, ha comido a la una, ha ido al estudio a las cuatro y ha vuelto a casa a las siete. A las ocho ha preparado un proyecto.

3b María es C, es arquitecta.
Pedro es B, es médico.
Juan es A, es un vendedor.

4
2. Normalmente vengo en coche, pero hoy he venido en metro.
3. Todas las semanas escribo muchas cartas, pero ésta sólo he escrito una.
4. Siempre vuelvo pronto a casa, pero hoy he vuelto tarde.
5. Todos los días hago muchas cosas, pero hoy no he hecho nada.
6. Todos los días empiezo a trabajar a las nueve, pero hoy he empezado a las diez.
7. Todas las semanas veo muchas películas, pero ésta sólo he visto una.

5 *Mögliche Lösungen:*
Ha puesto música (ha escuchado música).
Se ha lavado.
Se ha duchado.
Ha hablado por teléfono con ...

6 *Mögliche Lösungen:*
El niño se ha levantado, ha ido a la escuela, ha comido ...
El abuelo ha desayunado, ha ido de compras, ha esperado a su nieto ...

7 a) — Perdona por llegar tarde, pero es que no he oído el despertador.
~ ¡Bah! Es igual.

b) — Lo siento, de verdad.
~ No te preocupes, hombre, no tiene importancia.

Lección 15

1 roja; mano; entre; otra; tarde
Verkehrsmittel: metro

2 2. Me duele el estómago.
3. Estoy resfriado.
4. Tengo fiebre.
5. Me duelen los ojos.

3
1. muy, mucho	6. mucho, muchos
2. mucha	7. mucho, muy
3. muy	8. muy, mucho
4. muy, mucha	9. muchas
5. mucho, muy	10. mucho, muchos

4 *Mögliche Lösungen:*
— Tengo un dolor horrible en la espalda ...
~ ¿Te doy un masaje?
— ¡Ah, sí!, por favor ...

— Me duelen muchísimo las muelas.
~ ¿Quieres un calmante?
— ¿Un calmante? Es que prefiero no tomar nada ...

— Estoy resfriado.
~ ¿Por qué no te tomas un vaso de leche con coñac?
— Es que no me gusta el coñac.

5 1. venís
2. empiezas
3. tenéis, tenemos
4. Quiere, prefiero

6 *pronto:* temprano
hace deporte: realiza ejercicio
al día: diarias

7 *Mögliche Lösungen:*
Oh!, doctor, nos encontramos fatal: a mi marido le duelen muchísimo las muelas y la cabeza. Mi madre se siente muy mal porque tiene un dolor terrible en la espalda desde hace dos días y mi padre está resfriado. Los dos han tomado calmantes, pero no hay solución. Mis hijas han tomado demasiado el sol y les duele todo el cuerpo. Yo me encuentro también muy mal. Me duele muchísmo la cabeza. ¿Qué podemos hacer?

8 ¡Qué frío tengo!
¡Qué sed tengo!
¡Qué contenta estoy!
¡Qué nervioso estoy!
¡Qué calor tengo!

Lección 16

1 1. Sí, soy yo.
2. Un momento, ahora se pone.
3. ¿De parte de quién?
4. En este momento no puede ponerse.
5. No, no es aquí. Se equivoca.
6. ¿Está Rosa?
7. No, no está. Volverá más tarde.

2 *(Nombre: N.; ¿Dónde?: D.; ¿Cuándo?: C.)*
1. *Una exposición de dibujos:* «Séptima cita con el dibujo» *(N.)*, en Alfama *(D.)*, todos los días laborables, excepto lunes por la mañana *(C.)*
2. *Un restaurante italiano:* «La Trovata» *(N.)*, en Jorge Juan, n° 29 *(D.)*, todos los días *(C.)*
3. *Un concierto de música de origen africano:* «Afro-Bass» *(N.)*, en Siroco *(D.)*, el sábado, día 6, a las 22 h. *(C.)*
4. *Una película francesa en versión original:* «Cyrano de Bergerac» *(N.)*, en el cine Alphaville *(D.)*, no se sabe cuándo *(C.)*

4 1. — ¿**Quieres** venir a dar una vuelta?
~ Vale. De **acuerdo**.
2. — ¿**Vamos** al teatro esta noche?
~ Esta noche **no** puedo. Es que **tengo** que estudiar. Pero si quieres mañana ...
— **Es** que mañana yo no **puedo**.

5 1. Vale. ¿Y qué podemos hacer?
2. Es que no me va bien tan pronto.
3. Perfecto. Entonces quedamos a las once menos cuarto en la puerta.
4. ¡Ah! Muy bien. ¿A qué hora empieza?

7a *o → ue:* poder, dormir, volver, acostarse
e → ie: preferir, empezar, entender, cerrar, querer, venir, tener

7b
Infinitiv	*Präsens (Sing.)*	*Präsens (Pl.)*
poder	puedo	podemos
preferir	prefieres	preferís
entender	entiendo	entendemos
dormir	duermes	dormís
venir	viene	vienen
empezar	empiezo	empezamos
volver	vuelve	vuelven
cerrar	cierra	cierran
tener	tienes	tenéis
acostarse	se acuesta	se acuestan
querer	quiero	queremos

8 *Mögliche Lösungen:*
El señor que habla en este chiste es un hombre original: le gusta la prima del hombre de la ventanilla y quiere su número de teléfono y quedar con ella. Es un hombre directo a divertido ...

10
1. Qué	5. Dónde
2. Con quién	6. Por qué
3. Qué	7. Qué
4. A qué	

11

T	E	A	T	R	O	M	I	O
A	I	S	A	T	O	C	O	T
L	A	F	I	R	I	M	O	R
E	S	I	E	R	E	T	A	E
A	C	O	C	R	E	P	O	I
T	I	O	N	L	E	T	O	C
R	A	U	L	O	M	S	E	N
A	M	A	C	O	L	E	R	O
Z	B	I	N	C	I	N	E	C

Lección 17

1

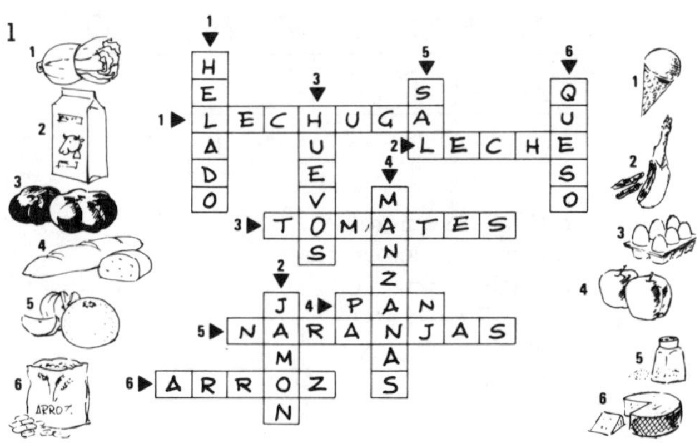

2 **una** lechuga, **un** helado
una botella de leche
un kilo de tomates, de naranjas, de manzanas (de jamón, de queso)
un paquete de arroz, de sal
un trozo de jamón, de queso
una docena de huevos
una barra de pan

3
1. ¿Puede traerme un poco más de mayonesa, por favor?
2. ¿Puede traernos otra botella de vino, por favor?
3. ¿Quiere algo más de carne?
4. No, no quiero más, gracias.
5. Lo siento mucho, pero ya no queda más flan.

4

5 *carne:* pollo, jamón, chuletas de cordero
pescado: sardinas, trucha, merluza
fruta: naranjas, plátanos, manzanas
verdura: lechuga, tomates, cebollas
bebidas: vino, cerveza, agua

6 *Reihenfolge:* B, D, A, E, G, F, C

7

1. decimos	4. pedimos	7. ponemos
2. decís	5. pedís	8. pones
3. digo	6. pido	9. pongo

8a

T	D	U	E	R	M	E	V	S	C
A	B	K	C	A	L	S	U	I	N
R	E	P	I	T	O	J	E	G	T
V	I	N	H	Q	X	O	L	U	A
O	D	V	T	U	M	Y	V	E	F
P	R	E	F	I	E	R	E	S	O
F	U	V	I	E	N	E	B	A	D
A	S	H	A	R	U	N	Z	J	I
P	U	E	D	E	S	A	D	H	C
A	I	T	O	N	P	I	D	O	E

8b *e → i:* repetir, pedir, seguir, decir
e → ie: preferir, venir, querer
o → ue: dormir, poder, volver

10c
1. Falso.
2. Verdadero.
3. Verdadero.
4. Verdadero.
5. Falso.

11 *Mögliche Lösungen:*
1. En el restaurante «O'Pazo» se come marisco y pescado. Es un restaurante gallego.
2. En el restaurante «El Inca» hay platos del Perú.
3. Las especialidades de «El Viejo Almacén» son argentinas, de Buenos Aires.
4. Marisco son por ejemplo las gambas. No es lo mismo que «pescado».
5. «La taquería» está en la Plaza de las Comendadoras, número 2 (en Madrid), frente al n° 223 de la calle Amaniel.
6. Las arepas son una especialidad de la cocina venezolana.

Lección 18

1

camisa	pantalones
chaqueta	vestido
falda	traje
camiseta	cazadora
medias	braga (*oder* abrigo)
vaqueros	calcetines

2 *Mögliche Lösungen:*

A.: El señor lleva una chaqueta.
La señora lleva unos pantalones y una blusa.
La señora lleva unos zapatos.

B.: El señor lleva una cazadora.
La señora lleva un vestido.
La señora lleva unas botas.

C.: El chico lleva una camisa.
La chica lleva un jersey.
El niño lleva unos pantalones largos.

D.: El chico lleva una camiseta.
La chica no lleva jersey.
El niño lleva unos pantalones cortos.

3 *Mögliche Lösungen:*
2. La mujer es más joven que el hombre.
3. El hombre es más gordo que la mujer.
4. El chico es más guapo que la chica.

4 *Mögliche Lösungen:*
2. El hombre es más viejo que la mujer.
3. La mujer es más delgada que el hombre.
4. La chica es más fea que el chico.

6a, b
1. C. **oscuras:** Es adjetivo, pero plural.
2. E. **queso:** No es un color.
3. A. **sueño:** No es una prenda de vestir.
4. B. **árbol:** No es una cosa de clase.
5. D. **campo:** No es un material.

7 *Mögliche Lösungen:*
¿Para quién es?
¿De qué talla lo quiere?
¿Cómo lo quiere?
¿Qué tal le queda?
¿Qué desea?
¿Cuánto cuesta? ...

8

1. le	6. Le
2. me	7. me, lo
3. Me	8. le, le
4. Me	9. Nos, nos
5. Te, Te	10. Me, Me

9

1. lo	3. La
2. los	4. los

10 *Mögliche Lösungen:*
A Sierra Nevada: jersey, abrigo, cazadora, calcetines de lana, ...
A la Costa del Sol: traje de baño, gafas de sol, toalla, crema de sol, ropa ligera, ...

11

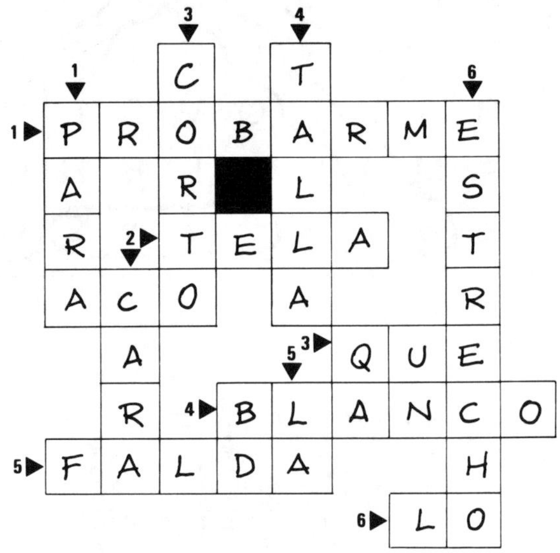

12
2. ¿De qué talla la quiere?
3. ¿De qué número los quiere?
4. ¿De qué talla los quiere?
5. ¿De qué color lo quiere?
6. ¿De qué color los quiere?
7. ¿De qué número las quiere?
8. ¿De qué color las quiere?

13 *Vollständiger Text:*
Vicente es un chico de 25 años, moreno, bastante alto y muy delgado, que lleva gafas y barba. Tiene el pelo liso y bastante largo. Hoy lleva una cazadora de tela verde, una camiseta roja y un cinturón marrón bastante ancho. No lleva los vaqueros negros de siempre, no, hoy lleva unos azules nuevos.

14
2. Me quedan un poco anchos.
3. No me queda bien.
4. No me queda mal.
5. Me queda bastante bien.
6. Me quedan un poco largos.

Lección 19

1
1. PELICULAS
2. DICIENDO
3. MIERCOLES
4. CERVEZA
5. ARMARIO
6. NUNCA
7. ESTOMAGO
8. FELICIDADES
9. SENTANDOSE

2 a. Laura está bebiendo vino.
b. Julián está bailando.
c. Rita está comiendo.
d. Ricardo está quitándose la chaqueta.
e. María está bebiendo vino.

4

1. es	6. es
2. está	7. está
3. es	8. es
4. es	9. está
5. está	10. es

5 — ¡Feliz **cumpleaños** y que pases un buen día!
~ Gracias, Eva.
— Mira, esto es para **ti**.
~ Humm ..., muchísimas gracias. A ver, a ver qué **es**. ¡Una pulsera! ¡**Qué** bonita!
— ¿**Te** gusta?
~ Me encanta. **Es** preciosa.

7 1. ¡Qué vino tan bueno!
2. ¡Qué ciudad tan grande!
3. ¡Qué tema tan interesante!
4. ¡Qué zapatos tan elegantes!
5. ¡Qué mujer tan inteligente!
6. ¡Qué chico tan alto!
7. ¡Qué fiesta tan divertida!
8. ¡Qué simpáticos son tus amigos!

9 febrero, octubre, agosto,
noviembre, abril, julio,
enero, diciembre, junio,
mayo, septiembre, marzo

10 1. Me quedan muy bien, ¿verdad?
2. Te quedan estupendamente.
3. ¿Qué día es tu cumpleaños?
4. El diez de noviembre.
5. ¿Quieres un poco más de merluza?
6. No, de verdad, gracias. Es que no puedo más.

Lección 20

1 *Mögliche Lösungen:*

viajes	*clima*		
1. billete	sol	4. vuelo	niebla
2. ida	calor	5. reserva	llueve/llover
3. vuelta	viento	6. estación	nieva/nevar

2 *Mögliche Lösungen:*
— Buenos días. ¿Qué trenes hay para Sevilla?
~ Hay uno a las diez y cuarto y otro a las doce y veinte.
— **¿A qué hora llega el de las diez y cuarto?**
~ A las quince cuarenta.
— **¿Y el de las doce y veinte?**
~ A las diecisiete cuarenta y cinco.
— Pues déme un billete para el de las diez y cuarto.
~ **¿Fumador o no fumador?**
— No fumador.
~ Son tres mil doscientas cuarenta pesetas.
— **¿De qué vía sale?**
~ De la vía nueve.

3

1. de	5. A
2. de	6. Por
3. por	7. para
4. Para	8. Por

4 1. Red Nacional de Ferrocarriles Españoles (RENFE).
2. En las cuatro estaciones del año.
3. Más de treinta (destinos).
4. El viaje en tren, hotel en régimen elegido, excursiones y visitas.
5. En todas las agencias de viajes.

5 1. ¿Qué tiempo hace en Madrid en verano?
2. Hace mucho calor.
3. ¿Y en invierno?
4. No llueve mucho, pero hace mucho frío. / Hace mucho frío, pero no llueve mucho.
5. ¿Nieva alguna vez?
6. No, no nieva casi nunca.

6 *Mögliche Lösungen:*
sol - ponerse un sombrero
templado - pasear
nieve - esquiar
lluvia - coger el paraguas
frío - quedarse en casa
buen tiempo - ir de camping

7

2 - g	4 - a	6 - f	8 - d	10 - h
3 - e	5 - c	7 - j	9 - k	11 - i

8

1. muy	7. mucho
2. mucho	8. muchas
3. los	9. muy
4. muy	10. muchos
5. muchas	11. mucho
6. muy	12. mucha

10

1. está	5. hay
2. ha hecho	6. hace
3. ha habido	7. hay
4. hace	8. está, Hace

11 1. algún, ninguno
2. algún, ningún
3. algún, ningún
4. algunas, ningún
5. algún, algunos

Lección 21

1

1. comieron	7. estuvimos
2. viví	8. llegué
3. hizo	9. escribió
4. conociste	10. fuisteis
5. compraron	11. cogimos
6. empezasteis	12. estudiasteis

2

Infinitivo	*Presente*	*Indefinido*
cenar	ceno	cené
venir	venimos	vinimos
hacer	hacen	hicieron
ser	eres	fuiste
ir	vas	fuiste
regalar	regalamos	regalamos
hablar	habla	habló
beber	bebéis	bebisteis
estar	están	estuvieron
ver	ve	vio
recibir	recibimos	recibimos
dejar	dejáis	dejasteis
volver	volvemos	volvimos

3a *Mögliche Lösungen:*
fueron - ser
viajaron - viajar
decidió - decidir
hizo - hacer
situó - situar
fue - ir
desplazó - desplazar
pudieron - poder ...

3b
1. Falso. Es una noticia sobre los viajes de los españoles en los periodos de vacaciones del año 1990.
2. Verdadero.
3. Falso. El 53,4% de los españoles se fue de vacaciones.
4. Verdadero.
5. Verdadero. Se fue de vacaciones el 31,8% de los gallegos y el 71,8% de los vascos.

4 *Mögliche Lösungen:*
Fue en tren. Salió de Soria a las 16.30 h. y llegó a Madrid a las 19.43 h. El viaje duró un poco más de tres horas y le costó 1.485 pesetas. Posiblemente fumó, porque fue en zona de fumadores.

5
2. en junio
3. hace tres años/meses/semanas
4. la semana pasada
5. en 1987
6. ayer por la tarde
7. el 10 de agosto
8. el jueves por la noche
9. en octubre de 1990

6a
2. ¿Dónde estuvisteis el fin de semana pasado?
3. ¿Te acostaste ayer muy tarde?
4. ¿A qué hora salisteis de Pamplona?
5. ¿Qué tal ayer en casa de Concha?
6. ¿Cuánto te costó el billete?
7. ¿Saliste el viernes por la noche?

6b A - 2; E - 6; B - 4; F - 7; C - 1; G - 5; D - 3

7 *Dialog A*
1. — ¿Dónde estuviste el fin de semana?
2. — ¿Fuiste solo?
3. — ¿Te gustó Sevilla?
4. — ¿Cuándo volviste?

Dialog B
1. — ¿Fuiste al cine con alguien?
2. — ¿Qué película visteis?
3. — ¿Te gustó?

8
1. a
2. ∅
3. ∅
4. a
5. a
6. ∅

9
2. ¿Cuándo estuviste en Londres?
3. ¿Cómo fuiste?
4. ¿Por qué no llamaste ayer?
5. ¿Con quién saliste anoche?
6. ¿A qué hora te levantaste el domingo?
7. ¿Dónde conociste a Carmen?

10 *Mögliche Lösungen:*
El viaje ha sido divertidísimo. Salimos el sábado de Madrid y fuimos a Segovia después del desayuno en el café «Pepe». Bueno, a las 8.00 salimos de Madrid hacia Segovia en un coche y una moto. Hizo muy buen tiempo, el cielo estuvo despejado y la temperatura fue de 18°. Paramos a las 10:30 en un pueblo de la Sierra. Manolo tuvo problemas con su moto. Llegamos a Segovia a las 12:00. Paseamos por la ciudad y tomamos un aperitivo en la plaza. A las 14:00 continuamos hasta un pueblo cercano a Segovia, donde instalamos el camping. De 17:00 a 21:00 paseamos por el campo. Cenamos a las 21:30, luego hablamos y cantamos. El domingo nos levantamos todos a las 8:00, menos Carmen, que durmió un poco más. Desayunamos en el pueblo, en un bar e hicimos una excursión por el campo desde las 12:00 hasta las 17:00. Nos bañamos en un río pequeño. Recogimos el camping y volvimos a Madrid. Llegamos a las 21:00 y cenamos en casa de Javier. ¡Fue una escapada muy divertida!

Lección 22

1
1. LLAMADA
2. REGRESO
3. CONTINUACION
4. VISITA
5. LLEGADA
6. VIAJE
7. IDA
8. SALIDA
9. VUELTA
10. COMIENZO

2 *Mögliche Lösungen:*
2. A las doce va a ir a una conferencia de García Calvo.
3. A las dos y media va a comer con Gustavo.
4. A las cuatro y media va a jugar al tenis.
5. A las seis y media va a llamar a la agencia de viajes.
6. A las siete menos cuarto va a ir de compras.
7. A las 22.00 va a ir al cine.

3 *Mögliche Lösungen:*
Tengo que ver a Felipe para decirle unas cosas.
Tengo que hablar contigo para preguntarte una cosa.
Tengo que llamar al restaurante para reservar una mesa.
Tengo que hablar con ellos para comentarles el asunto.
Tengo que llamar a la agencia de viajes para anular el billete.

4 Si quieres estar en forma tienes que hacer deporte.
Para ser presidente del gobierno hay que ganar las elecciones generales.
Si quieres estudiar en la universidad tienes que aprobar el examen de ingreso.
Para ser un buen relaciones públicas hay que ser muy extrovertido.
Para poder bañarse hay que ir a la playa o a la piscina.
Si quieres estar muy moreno tienes que tomar mucho el sol.

5
3. Tiene que comprar un carrete de fotos.
4. Ya ha recogido el billete.
5. Aún no ha hecho las maletas.
6. Aún no ha comprado una guía turística.
7. Todavía tiene que llamar a un taxi para mañana.
8. Ya ha llamado al despertador automático.

6a *Futurformen:* se sentirá (sentirse); tendrá (tener); realizará (realizar); estarán (estar); sentirá (sentir); tendrá (tener); hará (hacer); gustará (gustar); conocerá (conocer); tendrá (tener); envidiarán (envidiar)

6b *Mögliche Lösungen:*
Piscis: «Tendrá algunos problemas en el trabajo; estará tranquilo y se sentirá bastante bien. Recibirá algún ingreso extra; participará en los preparativos de unas fiestas muy importantes para su familia. Se quedará en su ciudad, no hará ningún viaje».
Tauro: «Podrá hacer actividades que le gustan en su trabajo; su sentido del humor estará muy alto. Su situación económica será bastante buena. Le gustará quedar con amigos y conocerá a un hombre interesante para su trabajo. Gastará poco dinero, pero no será ninguna época brillante económicamente».

9b *Mögliche Lösungen:*
Las mujeres tienen que saber decir «sí» y «no».
Para ascender en el trabajo hay que estar siempre dispuesto/-a a interrelacionarse.
Las mujeres deben cuidar su aspecto físico especialmente.
Si quieren ascender en el trabajo, las mujeres tienen que luchar mucho para llegar a sus objetivos.
En el trabajo las mujeres tienen que fijarse objetivos muy realistas.
Para el ascenso laboral femenino hay que tender redes, crear relaciones ...
Las mujeres tienen que saber dialogar con los jefes abiertamente y no olvidar algunas ventajas de la psicología femenina.

Lección 23

1

E	N	C	E	N	D	E	R	B
B	U	T	S	O	Z	I	L	O
G	A	C	E	P	T	A	R	G
J	K	E	H	I	R	O	P	A
T	E	R	M	I	N	A	R	N
U	L	R	L	F	Y	P	Z	A
H	E	A	S	U	B	I	R	R
P	S	R	G	V	J	H	U	Ñ
Q	U	I	T	A	R	F	A	I

2

Infinitivo	*Imperativo (tú)*	*Imperativo (usted)*
entrar	entra	entre
comer	come	coma
abrir	abre	abra
repetir	repite	repita
estudiar	estudia	estudie
empezar	empieza	empiece
hacer	haz	haga
volver	vuelve	vuelva
esperar	espera	espere
venir	ven	venga

3
2. Sí, ciérrala.
3. Sí, ponlo.
4. Sí, hazlo.
5. Sí, súbela.
6. Sí, cógelo.
7. Sí, hazla.
8. Sí, cógela.

4
2. Sí, ciérrela.
3. Sí, póngalo.
4. Sí, hágalo.
5. Sí, súbala.
6. Sí, cójalo.
7. Sí, hágala.
8. Sí, cójala.

5 *Mögliche Lösungen:*
2. ¿Me dejas un paraguas? Es que está lloviendo mucho.
3. ¿Puedo cerrar la ventana? Es que no oigo nada.
4. ¿Puede darme fuego?
5. ¿Puede dejarme su bolígrafo un momento?
6. ¿Puede dejarme un poco de sal?
7. ¿Puedes darme un vaso de agua? ¡Tengo mucha sed!

6 *Mögliche Lösungen:*
1. ¿Me dejas tu cazadora?
2. ¿Puedo hablar con el Sr. Pérez?
3. ¿Puedo sentarme en esta silla?
4. ¿Me deja el bolígrafo un momento?
5. ¿Puedo coger este pastel?
6. ¿Puede darme fuego?
7. ¿Puedes darme tu libro de español?

7 *Mögliche Lösungen:*
Se puede: llamar a la enfermera cuando lo necesitas; dormir mucho; pasear y hablar con otros pacientes ...
No se puede: fumar con los enfermos; comer todo el día; beber alcohol ...

8
3. ¿Me dejas el rotulador?
4. ¿Me das un cigarro?
5. ¿Me dejas tu reloj?
6. ¿Me das una hoja?
7. ¿Me dejas esa revista?

Lección 24

1

E	N	D	I	M	O	S
T	F	O	R	M	A	S
N	N	A	L	I	O	T
E	I	S	F	U	L	E
D	C	I		I	V	X
U	A	E	T	S	I	P
L	N	O	R	A	D	L
A	S	O	M	A	C	I

2
1. nacer
2. estudiar
3. empezar a trabajar
4. enamorarse
5. casarse
6. tener un hijo
7. divorciarse
8. jubilarse
9. morirse

3a
1. a
2. En
3. A
4. en
5. entre
6. Con

3b *Mögliche Lösungen:*
1. Lo/la conocí en un curso de español en Madrid.
2. Nací en 1965.
3. El verano pasado fui de vacaciones a México.
4. Entré en el colegio en 1970.
5. Entre 1988 y 1991 viví en Lima.
6. Vivo solo/-a. / Vivo con mi hermana.

4
2. Jimmy Carter fue presidente de los Estados Unidos.
3. Cristóbal Colón «descubrió» América.
4. Los hermanos Lumière inventaron el cine.
5. Gabriel García Márquez ganó el Premio Nobel de Literatura en 1982.
6. Cervantes escribió «El Quijote».

5
1. FRIGORIFICO
2. TIENES
DEJAS
4. ACOSTARSE
3.
5. FELIZ
6. CUCHARA
7. ESTANCO
8. SATISFECHO
TOMAS
9.
10. ENCONTRAR
11. TOCAR

7 *Mögliche Lösungen:*
Luis Buñuel nació en Calanda en el año 1900 y murió en México en 1983. Estudió Filosofía y Letras en Madrid. Fundó y dirigió el primer cine-club español. El pintor Salvador Dalí colaboró en sus dos primeras películas *(Un perro andaluz y La edad de oro)*. Se exilió en México y dirigió muchas películas famosas, entre ellas *Los olvidados, Tristana* y *Viridiana*. En el año 1961 ganó la Palma de Oro del Festival de Cannes.

Lección 25

1

1.	**entrar**	C.	Es un verbo, no una preposición.
2.	**lejos**	E.	No expresa frecuencia.
3.	**viendo**	A.	Es gerundio, no presente.
4.	**calendarios**	F.	No es un adjetivo.
5.	**coche**	B.	Es un sustantivo, pero no plural.
6.	**digo**	D.	Es presente, no participio.

2 *Mögliche Lösungen:*
1. ¿Has hablado alguna vez con un famoso?
2. ¿Has ido alguna vez a Estados Unidos?
3. ¿Has jugado alguna vez al golf?
4. ¿Has bebido alguna vez tequila?
5. ¿¿Has tocado alguna vez un saxofón?
6. ¿Has estado alguna vez en Roma?
7. ¿Has escrito alguna vez un poema?
8. ¿Has estado alguna vez en un avión?
9. ¿Has ido alguna vez en barco?
10. ¿Has visto alguna vez a un famoso?
11. ¿Has estado alguna vez en Estados Unidos?
12. ¿Has ido alguna vez en avión? ...

3 *Mögliche Lösungen:*

1. Sí, he hablado con famosos muchas veces.
2. Sí, fui el verano pasado.
3. No, todavía no he jugado al golf.
4. Sí, lo he bebido varias veces.
5. No, nunca lo he tocado.
6. Sí, he ido dos veces a Roma.
7. Sí, ya he escrito muchos poemas.
8. No, nunca he estado en un avión.
9. Sí, fui en barco el año pasado.
10. Sí, varias veces he visto a famosos.
11. No, todavía no he estado allí.
12. No, nunca he ido en avión.

4a *Mögliche Lösungen:*

1. Normalmente me levanto a las siete.
2. Desayuno en el trabajo.
3. Leo el periódico por las mañanas.
4. Todos los días como en casa.
5. Por las tardes voy de compras.
6. Voy a dar un paseo con el perro.
7. Escucho la radio.
8. Por las noches me acuesto a las once, más o menos ...

4b *Mögliche Lösungen:*

1. Hoy me he levantado a las siete y media.
2. Hoy no he desayunado, no he tenido tiempo.
3. He leído el periódico cinco minutos.
4. Hoy he comido en un restaurante con un cliente.
5. Hoy no he ido de compras, me he quedado en casa.
6. No he salido a pasear.
7. He escuchado las noticias de la radio.
8. Esta noche me he acostado antes, a las nueve, porque he tenido un dolor de cabeza terrible.

4c *Mögliche Lösungen:*

1. Ayer me levanté a las siete también.
2. Ayer desayuné en casa.
3. Ayer leí el periódico en el metro.
4. Ayer comí en casa con una amiga.
5. Ayer por la tarde fui de compras, fui al supermercado.
6. Ayer salí a pasear por el parque.
7. Ayer escuché la radio sólo cinco minutos.
8. Ayer por la noche no me quedé en casa, ayer fui al cine.

5

1. Yo estoy de acuerdo contigo.
2. Yo creo que Marisa tiene razón.
3. ¿Estás de acuerdo con Jesús?
4. Pues yo creo que no tienes razón.

7

1. salí
2. conoció
3. fuimos
4. ha empezado
5. he visto
6. vimos
7. conocí, contaron
8. he tenido
9. he conocido
10. ha trabajado
11. tuvo
12. he visto, llegó

8 *Mögliche Lösungen:*

Anoche fui al cine.
Hoy he visto una película buenísima.
El otro día fui al dentista.
El otro día fui al cine.
El mes pasado me compré un sombrero.
El año pasado estuve de vacaciones en el extranjero.
Esta semana he trabajado muchísimo.
Desde noviembre he hecho mucho deporte.
Hace dos semanas comí una tarta de chocolate.
El otro día no hice los deberes.
Hoy he aprendido español.
El otro día salí muy tarde de clase.

9 *Mögliche Lösungen:*

Querido Pedro,
¿qué tal estás? Me gustó mucho conocerte; pasé unos días maravillosos contigo y tus amigos. Cuando llegué a mi casa después de las vacaciones, me encontré con muchas sorpresas: un proyecto que hice antes de irme de vacaciones ha sido un gran éxito; además mi hermana va a casarse con un chico que conoció hace dos años y que es un buen amigo mío ... ¡Todo fueron buenas noticias cuando llegué! ...

Vokabular – Arbeitsbuch

Im folgenden sind Wörter angegeben, die Ihnen aus dem Lehrbuch noch nicht bekannt sind. Es handelt sich nicht um Wortschatz, den Sie unbedingt lernen sollten. Bei Adjektiven sind sowohl die männliche als auch die weibliche Form angegeben. Doch Achtung! Die Übersetzung gilt nur im Zusammenhang mit dem entsprechenden Text!

Lección 3

1	**el ingeniero industrial**	Maschinenbauingenieur
	el autoescuela	Fahrschule
	comercial	kaufmännisch
2	**el Premio Nobel**	Nobelpreis
	la paz	Frieden
	el político	Politiker
	el rey	König
	el guitarrista	Gitarrist
	el futbolista	Fußballer
	el poeta	Dichter
	la escritora	Schriftstellerin
8	**sudamericano/-a**	südamerikanisch; Südamerikaner
	¿verdad?	oder?; nicht wahr?
10	**chino/-a**	chinesisch

Lección 4

1	**la amiga**	Freundin
2	**Perdone, ...**	Entschuldigen Sie, ...
8	**la medicina**	Medizin

Lección 5

5	**fue confundido**	er wurde verwechselt
	fue entrevistado por	er wurde befragt von
	varios/-as	mehrere
	esperaban *(esperar)*	sie warteten auf ...
	la llegada	Ankunft
	extraordinario/-a	außerordentlich
	el parecido	Ähnlichkeit
	físico/-a	körperlich
	mencionado/-a	obengenannte/r
	el artista	Künstler
	respondió *(responder)*	er antwortete
	gustoso/-a	bereitwillig
	la pregunta	Frage
	confesó *(confesar)*	er gab zu
	ningún/ninguna	kein, keine
	anterior	vorige/r/s
	la visita	Besuch
	había despertado *(despertar)*	hatte erregt
	tanto interés	soviel Interesse
8	**tienen más de ... años**	sind älter als ...
	ya	schon
	el árabe	Arabisch

Lección 7

1	**la catedral**	Kathedrale
	sobre ...	auf ..., oben ...
3	**el kilómetro**	Kilometer

Lección 8

6	**luminoso/-a**	hell
	cómodo/-a	gemütlich
7	**el árbol**	Baum
	el balón	Ball

Lección 9

2	**siguiente**	nächste/r/s
3	**más adelante**	später, weiter
5	**la biblioteca municipal**	Stadtbücherei
	la oficina de Correos	Postamt
	por aquí cerca	hier in der Nähe
7	**el reloj**	Uhr
	¡Qué tarde!	Wie spät!
8	**el segundo**	Sekunde
	el minuto	Minute
	la hora	Stunde
9	**el supermercado**	Supermarkt
	el teatro	Theater

Lección 10

1	**la novela policíaca**	Krimi
6	**la cinta de música**	Musikcassette

Lección 11

4	**duermes** *(dormir)*	du schläfst
5	**pronto**	früh

Lección 12

2	**la actividad**	Aktivität
	el tiempo libre	Freizeit
	la frequencia	Häufigkeit
3	**pues ...**	also ...
	nos damos una vuelta *(dar)*	wir gehen aus
	el vermú	*Aperitiv*
	el ambiente	Atmosphäre
6	**divertirse**	sich amüsieren

Lección 13

4	**hacer gimnasia**	Gymnastik machen
	coger vacaciones	Urlaub nehmen
5	**útil**	nützlich
	la sociedad	Gesellschaft
	intelectual	intellektuell
6	**temprano**	früh
	arreglo *(arreglar)*	ich repariere
	las escaleras mecánicas	Rolltreppe
	la máquina	Maschine

Lección 14

1	**el trimestre**	Quartal, Vierteljahr
	el semestre	Semester
	el siglo	Jahrhundert
3	**la consulta**	Praxis
	la obra	Baustelle
	preparar	vorbereiten
	el proyecto	Projekt

Lección 15

4	**horrible**	schrecklich
	¿por qué no te vas ...? *(irse)*	warum gehst du nicht
	prefiero *(preferir)*	ich bevorzuge
6	**la dieta**	Diät
	equilibrado/-a	ausgeglichen
	mucho tiempo	viel Zeit

Lección 16

1	**se equivoca**	Sie haben sich geirrt
2	**el dibujo**	Zeichnung
	africano/-a	afrikanisch
	la versión original	Originalfassung
6	**la sala**	Saal, Raum
7	**entender**	verstehen
10	**interesantísimo/-a**	höchst interessant
11	**el circo**	Zirkus
	el ballet	Ballett

Lección 17

4	**los macarrones**	Makkaroni
	a la plancha	gegrillt
	el melón	Melone
	a la vasca	nach baskischer Art
	la tarta	Torte, Kuchen
	frito/-a	gebraten
6	**lo mismo que tú**	dasselbe wie du
10	**según un estudio**	einer Untersuchung zufolge
	realizado/-a	gemacht
	el Ayuntamiento	Stadt(verwaltung)
	el hostal	Gasthof
	la pensión	Pension
	la taberna	Taverne
	el local	Lokal
	indica *(indicar)*	er/sie zeigt
	el domicilio	Wohnung
	el parado	Arbeitsloser
13	**se ofrecen**	man bietet an
	la especialidad	Spezialität
	el marisco	Meeresfrüchte
	el almacén	Lager

Lección 18

6	**oscuro/-a**	dunkel
	la pizarra	Tafel
	la papelera	Papierkorb
	el plástico	Plastik

Lección 19

1	**alcohólico/-a**	alkoholisch
	el mueble	Möbel
	se guarda *(guardar)*	man bewahrt auf
	la parte del cuerpo	Körperteil
4	**la vecina**	Nachbarin
	seguro/-a	sicher
5	**la pulsera**	Armband

Lección 20

2	**No fumador**	Nichtraucher
	la vía	Gleis
4	**el destino**	Ziel
	en caso negativo	falls nicht
	mencionado/-a	obengenannte/r/s
	incluye *(incluir)*	er/sie enthält
	obtener	bekommen
6	**templado/-a**	lau, mild
	el paraguas	Regenschirm
	el sombrero	Hut
	ir de camping	zelten
7	**la agencia de viajes**	Reiseagentur
10	**la costa**	Küste
	latinoamericano/-a	lateinamerikanisch
11	**el plan**	Plan
	el autor	Autor

Lección 21

2	**regalamos** *(regalar)*	wir schenkten
3	**los madrileños**	Madrider
	los vascos	Basken
	los ciudadanos	Bürger
	la comunidad	Gemeinde
	el periodo	Zeit
	según datos de ...	den Daten ... zufolge
	el Ministerio de Transportes	Verkehrsministerium
	referido/-a	in bezug auf
	dicho/-a	obengenannte/r
	el departamento	Abteilung
	precisa *(precisar)*	er/sie behauptet
	la población	Bevölkerung
	reside *(residir)*	er/sie wohnt
	la autonomía	Bundesland
	madrileño/-a	Madrider
	decidió *(decidir)*	er/sie entschied
	el País Vasco	Baskenland
	los viajeros	Reisende
	se situó *(situarse)*	er erreichte
	lo que supone	was bedeutet
	el incremento	Zuwachs
	el resto	Rest
	se desplazó *(desplazarse)* **en viaje de vacaciones**	machte eine Urlaubsreise
	al menos	mindestens
	en dos ocasiones	zweimal
	mientras	während
	el desplazamiento	Bewegung
	destacan *(destacar)*	sie ragen hervor
	los gallegos	Galicier
	respectivamente	beziehungsweise
	el artículo	Artikel
	el turismo	Turismus

	proceden de *(proceder)*	sie stammen von
	como mínimo	mindestens
6	**costó** *(costar)*	er/sie kostete
7	**lento/-a**	langsam
8	**el curso**	Kurs
	el participante	Teilnehmer
	la cita	Termin
	el cielo	Himmel
	despejado/-a	heiter, wolkenlos
	la parada	Aufenthalt
	la sierra	Gebirge
	el paseo	Spaziergang
	el aperitivo	Aperitiv
	la continuación	Folge
	la instalación	Einrichtung
	la risa	Lachen
	despierto/-a	wach
	recogido/-a	aufgeräumt
	la escapada	Ausflug
	divertidísimo/-a	sehr amüsant
9	**anoche**	gestern abend

Lección 22

1	**la llamada**	Anruf
	continuar	etwas weiter machen
2	**la entrevista**	Besprechung
	la conferencia	Vortrag
3	**el dentista**	Zahnarzt
	anular	streichen, aufheben
	reservar	*hier:* bestellen
4	**estar en forma**	fit sein
	el relaciones públicas	Public Relations-Manager
	estar moreno/-a	braun *(von der Sonne)* sein
	extrovertido/-a	offen, extrovertiert
	tomar el sol	sich sonnen, bräunen
	entrenarse	trainieren
	las elecciones generales	Wahlen
	el ingreso	Einkünfte
5	**el visado**	Visum
	el carrete de fotos	Film
	la guía turística	Reiseführer
6	**se sentirá** *(sentirse)*	Sie werden sich fühlen
	entusiasmado/-a	begeistert
	la rapidez	Schnelligkeit
	la eficiencia	Wirksamkeit
	el interés	Interesse
	en la cresta de la ola	obenauf
	la tendencia	Tendenz
	envidiarán *(envidiar)*	sie werden beneiden
	animado/-a	freudig
	el preparativo	Vorbereitung
	el sentido del humor	Humor
	brillante	brillant
9	**morir**	sterben
	les cuesta *(costar)*	es fällt ihnen schwer
	ascender	aufsteigen
	el puesto de trabajo	Arbeitsplatz
	la posibilidad	Möglichkeit
	estadísticamente	statistisch
	se acepta *(aceptar)*	man akzeptiert
	la clave	Schlüssel
	la realidad	Realität
	con resignación	resignierend
	en general	im allgemeinen
	esforzarse	sich bemühen
	llegar a ocupar	erreichen
	la responsabilidad	Verantwortung
	en manos de ...	in den Händen von
	actualmente	heutzutage
	el método	Methode
	se hagan valer *(hacerse valer)*	seinen Mann stehen
	se basa en ...	es besteht darin ...
	crear	aufbauen
	la relación	Beziehung
	tender la red	Netz auswerfen
	la red	Netz
	olvidar	vergessen
	la ventaja	Vorteil
	femenino/-a	weiblich
	la diplomacia	Diplomatie
	la simpatía	Sympathie
	dispuesto/-a	bereit
	interrelacionarse	sich aufeinander beziehen
	fijarse	festsetzen
	el objetivo	Ziel
	realista	realistisch
	luchar	kämpfen
	lo necesario	das Nötige
	la duda	Zweifel
	el aspecto físico	Aussehen
	abiertamente	offen
	procurar	versuchen
	la claridad	Klarheit
	máximo/-a	höchste/r/s
	personal	persönlich

Lección 23

1	**prohibir**	verbieten
	rechazar	ablehnen
	apagar	ausschalten
	perder	verlieren
5	**el ruido**	Lärm
	el fuego	Feuer
	apuntar	notieren
	el papel	Papier
	te das cuenta *(darse ...)*	du bemerkst
6	**ocupado/-a**	besetzt
8	**el caramelo**	Bonbon
	el rotulador	Filzstift, Filzschreiber

Lección 24

1	**informar**	informieren
	explicar	erklären
4	**el descubridor**	Entdecker
	el inventor	Erfinder
	la literatura	Literatur
5	**sirve para ...** *(servir ...)*	es dient zu ...
	conservar	aufbewahren
	la satisfacción	Befriedigung, Erfüllung
7	**el cineclub**	Filmclub
	el exilio	Exil
	la Palma de Oro	*die Goldene Palme (Filmpreis, Festival de Cannes)*

Lección 25

2	**el poema**	Gedicht
6	**el baloncesto**	Korbball, Basketball

Hörtexte aus dem Lehrbuch

Nachstehend finden Sie die Hörtexte aus dem Lehrbuch, die dort nicht abgedruckt sind:
- Gespräche und Mini-Dialoge,
- Wortfolgen wie z. B. buchstabierte Wörter und Zahlen, die Sie erkennen sollten,
- Ausspracheübungen usw.

Die entsprechenden Aufgaben im Lehrbuch sind reine Hörübungen, und Sie können sie im Prinzip lösen, ohne die Texte gedruckt vor Augen zu haben. Sollten dennoch einmal alle Stricke reißen, so können Sie sich mit diesen Transkriptionen helfen. Aber bitte wirklich nur im äußersten Notfall!
Denn es geht bei den meisten Hörübungen nicht darum, jedes einzelne Wort zu verstehen. Mit dem Heraushören bestimmter wichtiger Informationen haben Sie die gestellte Aufgabe ja bereits gelöst.

Lección 1

5 P, a, c, o; L, u, i, s, a; P, a, b, l, o; F, é, l, i, x; M, a, n, u, e, l, a; J, u, a, n, j, o; G, e, m, a.

Lección 2

10 ¿Cómo se dice «buenas tardes» en inglés?
¿Cómo se dice «buenas tardes» en inglés?
¿Cómo se dice «buenas tardes» en inglés?
¿Cómo se dice «gracias» en francés?
¿Cómo se dice «gracias» en francés?
¿Cómo se dice «gracias» en francés?
¿Cómo se dice «adiós» en italiano?
¿Cómo se dice «adiós» en italiano?
¿Cómo se dice «adiós» en italiano?

13b tres, dieciséis, nueve, catorce, siete, dos, quince, cero, once, diecinueve, cinco, doce, uno, cuatro, dieciocho, veinte, seis, diecisiete, trece, ocho, diez.

Lección 3

6 A. — ¿Cuánto dura la clase?
∼ Cincuenta minutos.
B. — ¿El código de teléfono de Suiza, por favor?
∼ Cuarenta y uno.
C. — ¿Tienes hora?
∼ Sí. Las doce.
D. — ¿Cuál es mi clase?
∼ La número trece.
E. — ¿El prefijo de Madrid?
∼ El noventa y uno.
F. — ¿Cuántos años tiene tu padre?
∼ Sesenta y siete.
G. — ¿Cuál es tu dirección?
∼ Calle Bogotá, ochenta, segundo A.
H. — ¿Toledo está muy lejos de aquí?
∼ No. A sesenta kilómetros.

9b A. — Información.
∼ Oiga, ¿me puede dar el teléfono del Aeropuerto, por favor?
— El dos-cero-cinco-ochenta y tres-cuarenta y tres.
B. — Información, buenos días.
∼ ¿Me puede decir el teléfono de la estación de autobuses, por favor?
— Cuatro-sesenta y ocho-cuarenta y dos-cero-cero.
∼ Muchas gracias.
C. — Información.
∼ Buenos días. ¿Me podría decir el teléfono de Luis Martínez, en el número veinte de la calle Perú?
— ¿El segundo apellido?
∼ Castro.
— Tome nota: dos-cincuenta y seis-veinticinco-dieciocho.
∼ Gracias.
D. — Información, buenas tardes.
∼ ¿Me puede dar el número del Hospital Ramón y Cajal, por favor?
— Un momento.
Tome nota: tres-treinta y seis-ochenta-cero-cero.
∼ Muchas gracias. Adiós.
— De nada. Adiós.

12 — Sí, ¿dígame?
∼ Buenos días. ¿Está Miguel Ruiz?
— Sí, soy yo.
∼ Mira, te llamo del Centro de Estudios Fotográficos. Es que necesitamos algunos datos tuyos y como no puedes venir...
— ¡Ah! Vale...
∼ ¿Tu segundo apellido?
— López.
∼ ¿Nacionalidad?
— Español.
∼ ¿Profesión?
— Estudiante.
∼ ¿Tu dirección?
— Calle Colonia, número veinte, ático A.
∼ En Madrid.
— Sí.
∼ ¿Y el código postal?
— El veintiocho, cero, diecisiete.
∼ El teléfono ya lo tenemos.
Bien, es todo. Muchas gracias.
— De nada. Hasta el día quince.
∼ Adiós.

Lección 4

8 1. — Usted es mexicano, ¿verdad?
∼ No, colombiano.
2. — Hasta mañana, señor Díaz.
∼ Adiós, señorita Montero.
3. — Yo a ti te conozco... ¡Hombre, tú eres Nacho Soto!
∼ ¡Y tú, Blanca González!
4. — Trabajas en un banco ¿no?
∼ No, no. En una agencia de viajes.
5. — ¿Y qué estudia?
∼ Medicina.

Lección 5

4 A ver si adivináis quién soy. Es muy fácil. Mirad, mi padre se llama Antonio y mi madre, Lucía. Tengo un hermano, Ángel, y una hermana. También tengo un sobrino muy gracioso y una sobrina preciosa. ¡Ah!...

se me olvidaba: mi hermana está casada con Diego y se llama Carmen. ¿Sabéis ya quién soy?

7 — Oye, perdona, ¿tienes un momentito?
~Si es rápido...
— Mira, es que estamos haciendo una encuesta sobre la familia española. ¿Podría hacerte unas preguntas?
~Sí, sí. Dime.
— Mira, ¿estás casada?
~Sí.
— ¿Y tienes hijos?
~Sí, una hija de dos años.
— ¿Trabajas fuera de casa?
~Sí, soy maestra.
— ¿Y tu marido?
~Es profesor de inglés en un Instituto.
— A ver... ¿Tienes hermanos?
~Sí, dos hermanas.
— ¿Y a qué se dedican?
~La mayor es enfermera y la pequeña, médica.
— ¿Y... tus padres?
~Mi padre está jubilado y mi madre es ama de casa.
— Bien, pues esto es todo. Muchas gracias por tu colaboración.
~De nada. Adiós.
— Adiós.

13b — ¡Pero, bueno! ¿Y no ha dicho nada?
~«Adiós», es lo único que ha dicho.
— Y la señora, ¿estaba enfadada... o triste... o algo...?
~No, no. Al contrario, estaba muy contenta.
— ¿Y ese hombre? ¿Lo conoce usted? ¿Lo ha visto alguna vez?
~Nunca, señor...
— Y, bueno, ¿cómo es? ¿Qué aspecto tiene?
~Pues... muy alto, rubio, de pelo rizado... ojos azules...
— ¿Es joven?
~Sí, muy joven; tendrá... pues unos veinticinco años...
— ¡Siga! ¡Siga!
~... delgado... muy guapo... lleva bigote...
— ¿Lleva pelo largo?
~Sí, sí, muy largo...
— ¡No... no, no! ¡Imposible!... ¡No puede ser uno de mis guardaespaldas!

Repaso 1

1b — Esta mañana he leído una noticia que me ha llamado mucho la atención.
~¿Qué decía?
— Se trataba de un empresario que sólo da trabajo a jóvenes que buscan su primer empleo, a mayores de cincuenta años y... ahora no me acuerdo... ¡Ah, sí! A padres y madres de familia de más de cuatro hijos.
~¡Huy! ¡Qué raro!... ¿Es español?
— No. Es un uruguayo que vive en Valencia.
~¿Y de qué es la empresa?
— Es una fábrica de bicicletas.
~¿De qué marca?
— No sé. No decían la marca. ¡Ah! y aún hay otra cosa: a todos los que dejan de fumar les suben el sueldo.
~¿Y a los que no han fumado nunca, qué?
— De ésos no decía nada.

2b — Sí, ¿dígame?
~Buenas tardes.
— Buenas tardas. ¿Cómo se llama?
~José.
— ¿Y de dónde es, José?
~De Madrid.
— Bien, y sabe que el programa de hoy es sobre la edad...
~Sí.
— Así que estoy obligada a hacerle una pregunta...
~Pues, usted dirá.
— ¿Cuántos años tiene?
~Cuarenta y nueve.
— Bueno, ahora vamos a ver si acierta y puede pasar unos días en París completamente gratis. ¿Preparado?
~Sí, sí.
— ¿Cuántos años tiene Julio?
~Sesenta y siete, porque tiene ocho más que Elena y Elena tiene... cincuenta y nueve.
— ¿Y Carmen?
~Setenta y uno.
— ¡Muy bien, José! Acaba de ganar un viaje de tres días a París para dos personas. ¡Enhorabuena!
~Gracias. Muchas gracias...
— Y dígame, ¿sabe ya con quién va a ir?
~Sí, claro. Con mi mujer.

Lección 6

2a mesa, sobres, libros, silla, periódico, sellos, bolso, agenda, llaves, cuaderno, postal, diccionario, bolígrafos, lámpara, mapa, cartas

2b *Dos sílabas:* mesa, sobres, libros, silla, sellos, bolso, llaves, postal, mapa, cartas.

Tres sílabas: agenda, cuaderno, lámpara.

Cuatro sílabas: periódico, diccionario, bolígrafos.

5 A. — ¿Cuánto es?
~A ver... una cerveza y un vino... doscientas setenta pesetas.
B. — ¿Cuánto cuesta este diccionario?
~¿Éste?
— Sí.
~Mil trescientas pesetas.
C. — ¿A qué altura de Gran Vía vives?
~En el número noventa y dos.
D. — Oye, ¿qué número de asiento tienes?
~A ver... el sesenta y seis.
E. — Tú vives cerca de aquí, ¿verdad?
~A unos quinientos metros.

11 1. — Buenos días. ¿Qué desea?
~Pues quería un bolígrafo... no sé... para un chico joven.
— ¿Qué le parecen éstos?
~¿Puedo ver ése?
— Sí, claro.
~¿Cuánto cuesta?
— Ochocientas sesenta pesetas.
~Pues éste mismo.
— Muy bien.
2. ~¿Cuánto cuesta esa agenda negra?
— ¿Cuál? ¿Ésta?
~Sí.
— A ver... mil ciento noventa y cinco pesetas.
~Humm... Volveré mañana. Adiós.
— Adiós.

Lección 7

3a Zamora, Mallorca, Zaragoza, Córdoba, Cuenca, Salamanca, Barcelona, Cáceres, Alicante, Ceuta, Lanzarote, La Coruña, Murcia, Badajoz, Valencia

12a — Oye, Esmeralda, tú no eres de Madrid, ¿verdad?
~No, no. Soy de Segovia. ¿Has estado allí alguna vez?
— No...
~Pues no sabes lo que te pierdes.
— Ya me imagino. Sí te digo la verdad, no sé ni dónde está exactamente.
~Pues mira, Segovia está muy cerca de Madrid, a unos cien kilómetros al noroeste.
— Es una ciudad muy pequeña, ¿no?
~Sí, sólo tiene 50.000 habitantes aproximadamente.
— ¿Y cómo es?
~Pues... es una ciudad antigua y muy bonita... No sé... Es muy tranquila, pero también es bastante divertida, sobre todo los fines de semana.
— ... Y tiene un acueducto muy famoso, ¿no?
~Famosísimo. Espera, aquí tengo unas fotos. Mira, este es el acueducto...
— ¡Qué bonito!... ¿Y eso qué es?
~La Catedral.
— ¡Es preciosa!... ¿Y esto?
~Es una de las muchas iglesias que tiene... No me acuerdo cómo se llama... Esto es el Alcázar... Esto, la parte antigua...
— ¿Y eso?
~Es una calle del Barrio Judío.
— ¡Ah! ¿También tiene un Barrio Judío?
~Sí, pero es muy pequeño...

Lección 8

3 — ¿Sabes que me he cambiado de casa?
~¡Ah!, pues no sabía nada. ¿Y dónde vives ahora?
— En un piso del centro con dos amigos.
~¿Y qué tal? ¿Está bien?
— Ya lo creo, es precioso... Es un piso de esos antiguos y grandes del casco antiguo. Tendrá... pues unos ciento ochenta metros cuadrados, con cuatro habitaciones, el comedor, la cocina, dos baños...
~¿Y de luz?
— ¡Huy! Tiene muchísima luz, es que da a una calle muy ancha.
~¡Qué bien! ¡Con lo que te gusta a ti el sol!
— Sí, pero hay una cosa que no me gusta tanto: es un cuarto piso y no tiene ascensor.

6a sofá, ducha, lámpara, frigorífico, salón, dormitorio, sillón, cuarto, baño, comedor, bañera, cama, lavabo, lavadora, cocina, armario, estantería, mesilla, estudio, terraza

9 Es una habitación cuadrada y bastante grande, de unos quince metros cuadrados. Según se entra, casi en el rincón de la izquierda, hay un sillón y una mesita redonda. Detrás de la mesita hay una estantería y justo en el rincón, detrás del sillón, hay una lámpara de pie.
La cama está también a la izquierda, pero en el rincón de enfrente, y la mesilla está al lado de la cama, a la derecha.
También hay un armario bastante pequeño y una mesa de trabajo.

Lección 9

2c gire, siga, goma, junto, sigue, gato, coge, ganar, ajo, baja, sigo, baje, jabón, gente, seguir, gitano, guapo, coja, segundo

7 — Oiga, perdone, ¿sabe dónde está el cine Rex?
~Sí, mire, coja la primera a la derecha y siga todo recto. Entonces verá una plaza. La cruza y es la primera a la izquierda. El cine está allí mismo, a la derecha.
— ¿Cómo se llama la calle?
~Soria. Es la calle Soria. Pero vamos, es muy fácil, no tiene pérdida.
— De acuerdo. Muchas gracias.
~Adiós.

14 1. — ¿Qué hora es?
~Las doce y media.
— ¡Uff...! ¡Qué tarde!
2. — Perdone, ¿tiene hora?
~Sí, son las ocho y cuarto.
— Gracias.
3. — ¿Qué hora tienes?
~Las tres menos veinticinco.
4. — Perdone, ¿tiene hora?
~Las seis y diez.
— Gracias.

Lección 10

9 — Tú eres un buen deportista, ¿verdad?
~¡Bah! No creas... pero sí que me gustan mucho algunos deportes...
— ¿Por ejemplo?
~Pues, hombre, me gusta mucho el esquí, las motos... ¡ah! y me encanta el fútbol.
— ¿El fútbol? ¡Qué horror! A mí no me gusta nada.
~Bueno, también me gustan otras cosas, como leer..., escuchar música..., el cine...
— ¡Y a mí el cine que no me gusta! Me aburro muchísimo... pero hay una cosa que me encanta: bailar.
~Mm... estoy pensando que tenemos gustos bien diferentes, ¿verdad?
— Sí, sí. Desde luego.

Repaso 2

2a La habitación de Alfonso es bastante grande. La decoración es muy sencilla: hay varias fotos, tres cuadros y un póster. No tiene muchos muebles, sólo los necesarios.
La cama está enfrente de la puerta, junto a la pared de la izquierda. Al lado de la cama, a la derecha, hay una mesilla muy moderna. El armario está en un rincón de la pared de la derecha, enfrente de la cama. Entre la mesilla y el armario hay un sillón antiguo. La mesa de trabajo está a la derecha de la puerta, en el rincón, debajo de la ventana. Encima de la mesa hay una lámpara negra muy bonita. Al lado de la mesa, enfrente de la ventana, hay una silla que también es negra. Y entre el armario y la mesa hay una estantería con muchos libros.

Lección 11

3 Me levanto a las ocho de la mañana.
Como a las dos de la tarde.
Ceno a las nueve de la noche.
Las clases empiezan a las nueve de la mañana.

Termino de trabajar a las seis.
Vuelvo a casa a las siete de la tarde.
Empiezo a trabajar a las diez.
Trabajo hasta las cinco de la tarde.
Desayuno a las ocho y media.
Salgo de casa a las siete y media.
Me acuesto a las once de la noche.

6a — ¿Y no te cansas de vivir con tu tía?
~ ¡Qué va! Si mi tía es encantadora y muy activa. Mira, se levanta todos los días a las seis y media...
— Se acostará pronto...
~ No. Se acuesta sobre las doce. Bueno, pues se levanta y se va al parque a correr con el perro. Vuelve sobre las siete y media...
— Y tú estarás en la cama todavía...
~ Claro, y cuando llega me despierta con música de ópera. La pone altísima.
— ¡Vaya!
~ Y después el desayuno: fruta, churros, magdalenas... tostadas y café.
— ¿Todo eso?
~ Sí, sí. Además es muy rígida con los horarios de las comidas: desayuna a las ocho, come a las dos y media y cena a las diez.
— Sigue trabajando, ¿verdad?
~ Sí, pero sólo por las mañanas. Por las tardes sale con sus amigos.

Lección 12

2a bailar, veinte, aire, peine, seis, vais, afeitar, paisaje, estáis, veis, treinta, traigo, reina, aceite, caigo, tenéis, termináis, trabajáis, coméis

2b *ai:* bailar, aire, vais, paisaje, estáis, traigo, caigo, termináis, trabajáis
ei: veinte, peine, seis, afeitar, veis, treinta, reina, aceite, tenéis, coméis

6a — A tu marido y a ti os gusta mucho ir al campo, ¿verdad?
~ Nos encanta. Tenemos una casa en un sitio muy bonito y vamos todos los fines de semana.
— ¿Y no os aburrís?
~ ¡Qué va! Estamos todo el tiempo haciendo cosas. Tenemos un jardín y trabajamos mucho en él... También damos muchos paseos... montamos en bici...
— ... Y respiráis aire puro.
~ ¡Ah, por supuesto! Más puro que el de aquí. Oye, ¿y tu mujer y tú no vais nunca fuera los fines de semana?
— Casi nunca; la verdad es que somos muy «urbanos».
~ ¿Y qué hacéis? ¿Salís mucho?
— Pues prácticamente todos los viernes y los sábados por la noche. Vamos a muchos conciertos..., al cine, al teatro... y, claro, muchas veces de copas.
~ Es que sois muy marchosos.
— ¡Bah! No creas. También vamos a ver a nuestros padres... hacemos la limpieza... preparamos las clases de la semana siguiente.

Lección 13

11 — Buenos días, soy de Onda Libre, y estamos haciendo una encuesta sobre las condiciones de trabajo en España... ¿Podría hacerle unas preguntas? Es sólo un momento.
~ Bueno... de acuerdo, si es poco tiempo...
— ¿A qué se dedica?
~ Soy peluquero.
— ¿Cuántas horas trabaja al dia?
~ Ocho.
— ¿Trabaja los fines de semana?
~ Sí, los sábados por la mañana.
— ¿Cuántos días libres tiene a la semana?
~ Pues los lunes y los sábados por la tarde y luego... pues los domingos completos.
— ¿Y cuántas vacaciones?
~ Un mes al año.
— ¿Qué es lo que más le gusta de su trabajo?
~ Que es un trabajo creativo y... no sé... que conoces a mucha gente.
— ¿Y lo que menos?
~ El horario.
— Y para terminar, ¿está contento con su trabajo?
~ Sí, bastante.
— Bien, pues esto es todo. Muchas gracias por su colaboración. Adiós.
~ De nada. Adiós.

Lección 14

2 Esta mañana me he levantado pronto.
Me he duchado.
Me he lavado los dientes.
He hablado por teléfono.
He hecho gimnasia.
He desayunado mucho.
He tomado café con leche.
He leído el periódico.
He escrito una carta.
He venido a clase en autobús.
He visto la televisión.
He escuchado la radio.

5a — Y, bueno, dime, ¿qué tal el día?
~ Fatal. Ha sido un día horrible.
— ¿Y eso?
~ Pues por todo: el trabajo ... el tráfico... Mira esta mañana he salido de casa a las ocho y media, como siempre, y había un tráfico tremendo. Total que he llegado al trabajo a las nueve y veinte.
— Ya me imagino...
~ Y luego el trabajo: el teléfono que no paraba de sonar...
— O sea que otro día que te has quedado sin bocadillo...
~ Sí que me lo he tomado, sí. A las doce he bajado al bar, pero no he estado mucho tiempo... Después, a la una, he tenido una reunión larguísina con mi jefe.
— Pues habrás comido tarde...
~ ¡He comido a las cuatro! Luego he vuelto a la oficina a las cinco y he salido a las siete, así que he hecho una hora extra y todo...
— ... Y no has ido a la clase de inglés.
~ No, como he salido tan tarde... Bueno, y tú, ¿qué tal?
— ... Yo, bien. Ha sido un día normal...

Lección 15

2 enfermo, hambre, cansada, nervioso, calor, triste, frío, preocupada, miedo, contento, sueño, sed

5 1. — ¡Uf...! ¡Qué nervioso estoy!
~ ¿Sí? Pues yo no.
2. — ¡Qué hambre tengo!
~ Yo también.
3. — ¡Qué sed tengo!
~ Y yo también.
4. — ¡Qué preocupado estoy!
~ ¡Ah! Pues yo no.

12 1. — ¿Te encuentras mal?
~ Sí, me duelen las piernas.
— Pues siéntate y descansa un poco.
~ Vale.
2. — ¿Te pasa algo?
~ No, no. No me pasa nada.
— ¡Ah! Bueno...
3. — ¿Oye, estás enfermo?
~ Sí, tengo la gripe.
— ¿Y por qué no te vas a la cama?
~ Sí, si sigo así...
4. — ¿Qué tal?
~ Fatal.
— ¿Pues qué te pasa?
~ Tengo una tos tremenda.
— Es que fumas demasiado.
~ Ya...
5. — Oye, ¿no te encuentras bien?
~ Me duele muchísimo la cabeza.
— ¿Quieres una aspirina?
~ Sí, gracias.

Lección 16

1b 1. — ¿Diga?
~ ¿Está Luis?
— Sí, soy yo.
~ ¡Hola!, soy Inés. ¿Qué tal?
2. — ¿Dígame?
~ Buenos días. ¿Está Rosa?
— ¿De parte de quién?
~ De Ángel...
3. — ¿Dígame?
~ ¿Está Alberto?
— ¿Quién?
~ Alberto, Alberto López...
— No, no es aquí. Se ha equivocado.
~ ¡Ah! Perdone.
4. — ¿Sí?
~ ¿Está Manolo?
— No, no está. Volverá después de comer...
5. — ¿Sí?
~ ¡Hola! ¿Está Marina?
— Un momento, ahora se pone.
6. — ¿Diga?
~ ¿Está Victoria, por favor?
— En este momento no puedo ponerse. Está en la ducha...

4 1. — ¿Dígame?
~ ¿Está Pepe, por favor?
— Mira, es que ahora no puede ponerse. Está bañando al niño.
~ Vale, gracias. Ya llamaré después.
2. Está comunicando.
3. — ¿Dígame?
~ ¿Está Charo, por favor?
— ¿Charo...? No, no es aquí; se ha equivocado.
~ Perdone.
— Nada, nada. Adiós.
~ Adiós.
4. No contestan.
5. — ¿Dígame?
~ Buenos días. ¿Está la señora Torres, por favor?
— Sí, soy yo.
~ Mire, le llamo de Viajes Lejarreta...
6. — Erre Eme, buenos días.
~ ¿El señor González, por favor?
— Ahora no puede ponerse. Está en una reunión.
~ ¿Puede decirle, por favor, que ha llamado Luis Sierra y que...?
7. — ¿Sí?
~ ¡Hola!, soy Mari Carmen. ¿Está Jesús?
— Hola!, Mari Carmen! Jesús no está. Se ha ido a clase.
~ Bueno, pues ya llamaré más tarde.
— Ya le diré que has llamado.
~ Gracias.
— Adiós.

9b — ¿Oye, nos vemos mañana por la tarde?
~ Vale. De acuerdo. ¿Y qué podemos hacer? ¿Hay algo interesante?
— Pues mira, hay una exposición de Miró en el Reina Sofía.
~ ¡Ah! Muy bien. Me encanta Miró. ¿Cómo quedamos?
— No sé... Podemos quedar a las cinco en la puerta.
~ Es que no me va bien tan pronto. ¿Qué te parece a las seis?
— Vale. Entonces quedamos a las seis.

11 1. — Bueno, entonces ¿quedamos mañana por la tarde?
~ Es que mañana no puedo. Tengo hora en el dentista.
— ¿Y el jueves?
~ El jueves, el jueves... sí. ¿A qué hora?
— Sobre las seis. ¿Te parece bien?
~ Sí, muy bien.
— Vale. Hasta el jueves entonces.
~ Adiós.
2. — ¿Quieres venir al cine el miércoles?
~ ¿Qué película vais a ver?
— «París-Texas».
~ ¡Ah! Sí, sí, que tengo muchas ganas de verla otra vez. La ponen en el Astoria, ¿no?
— Sí y pensamos ir a la sesión de las ocho y media.
~ Muy bien. Entonces podemos quedar en la puerta sobre las ocho...
— De acuerdo...
3. — Oye, tenemos que quedar un día para hablar despacio, ¿eh?
~ Sí, sí. Ya te llamaré otro día.
4. — ¿Diga?
~ ¡Hola, Marta! Soy Juan Carlos.
— ¡Hola!
~ Mira, te llamo porque el viernes por la noche hemos quedado los de la clase para cenar. ¿Te apetece venir?
— ¡Ah, fenomenal! No tengo nada que hacer el viernes.
~ Pues... hemos quedado a las nueve en el restaurante.
— Muy bien. Dame la dirección.
~ El restaurante se llama «La Chispa» y está en la calle del Prado, número quince.
— Vale, pues nos vemos el viernes.
~ Una cosa, la mesa está a nombre de Miguel...
— ¡Ah! ¡Pero va Miguel! ¿Cómo no me lo has dicho antes?
~ No sé, es que...
— ¡Ah! Si va Miguel, entonces yo no voy.

5. — Bueno, ¿por fin vamos el viernes al concierto?
~ Sí, sí. Ya te dije que sí.
— Es a las diez, pero si te parece quedamos a las nueve.
~ ¡Huy! Demasiado pronto. Es que con los exámenes...
— Bueno, pues... a las diez menos cuarto en el bar de enfrente. ¿Te parece bien?
~ Perfecto... oye, ¿y las entradas?
— Ya las saco yo esta tarde.

Lección 17

3a galleta, arroz, azúcar, vino, leche, aceite, jamón, chorizo, patata, huevo, pollo, chuleta, merluza, lechuga, tomate, queso, naranja, manzana, plátano, sardina, yogur

3b *Primera columna:* arroz, jamón, yogur.
Segunda columna: vino, leche, huevo, pollo, queso.
Tercera columna: galleta, azúcar, aceite, chorizo, patata, chuleta, merluza, lechuga, tomate, naranja, manzana, sardina.
Cuarta columna: plátano.

6
— Doscientos gramos de jamón, quinientas sesenta pesetas. Un kilo de manzanas, ciento ochenta. Un paquete de galletas, doscientas treinta. Una botella de aceite, trescientas ochenta pesetas. Una barra de pan, cuarenta y cinco. Nada más, ¿verdad?
~ No, nada más.
— Pues son... mil trescientas noventa y cinco pesetas.

13
— ¿Qué van a tomar?
~ Yo, espárragos con mayonesa de primero y, de segundo... merluza a la romana.
= Pues yo, de primero, una ensalada y luego... ¿La trucha a la navarra cómo es?
— Frita y lleva pimientos rojos, almendras picadas y jamón.
~ Pues entonces trucha a la navarra.
— ¿Y para beber?
~ Yo, agua mineral sin gas.
= Para mí, vino.
...
= ¡Camarero!
— Sí, ¿dígame?
= ¿Nos trae un poco más de pan, por favor?
...
— ¿Qué van a tomar de postre?
= Yo, un flan.
~ ¿Qué fruta tiene?
— Manzanas, naranjas y plátanos.
~ Pues una naranja.
— ¿Van a tomar café?
= Sí, un cortado y una copa de coñac.
~ Yo, un café solo.

Lección 18

2b vestido, vaqueros, abrigo, chaqueta, traje, medias, blusa, jersey, zapatos, camisa, bragas, camiseta, botas, corbata, calcetines, pantalones, calzoncillos, sujetador, falda, cazadora

9
— Buenos días. ¿Qué desea?
~ Buenos días. Quería una camisa roja como la que tienen en el escaparate.
— Aquí tiene. ¿Qué le parece?
~ Mm... la encuentro un poco ancha. ¿No tienen más estrechas?
— Sí, tenemos esta otra de la marca Gravis que se está vendiendo mucho esta temporada.
~ A ver... Sí, está muy bien. ¿Y el precio?
— 7.200 pesetas.
~ ¿Puedo probarme una?
— ¿Qué talla tiene?
~ ¡Ay! pues no sé...
— ¿Me permite, por favor? Es una 42. Tenga, pruébese ésta.
~ ¿Qué tal? ¿Cómo se siente?
— Bien. Me queda muy bien... Me la llevo.

Lección 19

4
— ¿Sí? ¿Dígame?
~ ¡Hola! Soy mamá.
— ¡Hola!...
~ Oye, ¿me pones con la abuela?
— Es que está en el mercado haciendo la compra.
~ Entonces ponme con Marta.
— Está duchándose.
~ Vaya, pues le dices que me llame cuando termine.
— Vale...
~ Y los niños, ¿qué tal? ¿Están haciendo lo que les he dicho?
— Sí, Carlitos está leyendo en su habitación...
~ ¿Y Sonia?
— Está aquí, en el salón, estudiando matemáticas...
~ ¿Seguro?
— Sí, mamá. Seguro...

10b enero, febrero, marzo, abril, mayo, junio, julio, agosto, septiembre, octubre, noviembre, diciembre

Lección 20

6
— Buenos días. ¿A qué hora llega a Barcelona el tren de las diez y veinte?
~ A las catorce cincuenta.
— ¿Y el Talgo de las once y diez?
~ A las catorce y treinta y cinco.
— Pues deme un billete para el de las diez y veinte.
~ ¿Fumador o no fumador?
— No fumador.

Lección 21

8
Ayer hizo calor.
El sábado fui al cine.
El lunes estuve enferma.
El año pasado estuve en España.
Hace tres días no vine a clase.
La semana pasada estudié mucho.
Anoche me acosté tarde.
En agosto tuve vacaciones.
El otro día fui a un concierto.
El domingo no salí.
Ayer comí pronto.
Anoche vi la televisión.
El año pasado tuve un accidente de tráfico.
Anteayer vine a clase en autbús.
El invierno pasado hizo mucho frío.
Conocí a mi novio hace dos años.
Conocí a mi novia hace tres años.
El otro día fui de compras.
Ayer llegué tarde a clase.
El domingo estuve en el campo.
El otro día cené con unos amigos.

Ayer me levanté muy pronto.
Anoche cené muy bien.
El otro día no hice los deberes.

11 — ... ¿Y fuiste en coche?
~ No, no. Fui en tren, mucho mejor, sin caravana ni nada. Salí de Madrid a las diez y llegué a Toledo a las once y cinco.
— Verías la Casa del Greco...
~ Sí, claro. Fue lo primero que hice. Luego fui a la Catedral...
— ¿Te gustó?
~ Me encantó. Es impresionante. Estuve casi una hora... Y ¿a que no sabes dónde estuve después de comer?
— Pues...
~ En el río.
— ¡No me digas que te bañaste!
~ ¡No, hombre, no! Estuve descansando y haciendo fotos. La verdad es que hice unas fotos preciosas.
— A ver si me las enseñas.
~ Claro, cuando quieras.
— Lo que no entiendo es cómo pudiste estar en una ciudad tan pequeña tú solo un fin de semana... ¿No te aburriste?
~ ¡Qué va! Estuve en una discoteca y...
— ¡O sea que fuiste a Toledo a ligar!
~ ¡No, hombre, no! No fui a eso, pero es que en la discoteca conocí a una chica estupenda.
— ¿Sí? ¿Y qué tal?
~ ¡Ah! Muy bien. Estuvimos bailando y tomando copas hasta las cinco, así que al día siguiente me levanté a la una...
— Y seguro que volviste a ver a la chica...
~ Claro. Nos vimos los dos días.

Lección 22

4 — ... Mira, te llamo porque el sábado por la mañana voy a ir de compras. ¿Te apetece venir?
~ ¡Uff...! No puedo, es que tengo que ir al banco a hacer unas cosas y luego voy a ir a la peluquería... No sé... No creo que me dé tiempo, pero si quieres podemos ir por la tarde.
— Es que por la tarde tengo que estudiar. Tengo un examen la semana que viene y el domingo voy a ir a la sierra con Elsa...
~ ¡Qué bien! Pues yo, nada, voy a aprovechar el domingo para dormir y descansar, que he tenido una semana horrible... ¡Ah!, y luego, por la noche, voy a ir a un concierto en la Sala Universal.
— ¿Quién actúa?
~ Los Dinámicos. Están muy bien.
— ¡Huy! pero que muy bien. Yo los vi el año pasado y me gustaron mucho. Además...

Lección 23

2b 1. — ¿Puedo encender la luz? Es que no se ve casi nada.
~ Sí, sí. Enciéndela.
2. — ¡Ay! Tengo que hablar con unos amigos. ¿Puedo hacer un par de llamadas?
~ Sí, claro. Hazlas, hazlas.
3. — ¿Perdona, puedo coger un cigarrillo?
~ Humm... Lo siento, pero es que sólo me queda uno.
— No importa. Gracias.
4. — Ángel, ¿puedo tirar estos periódicos a la basura?
~ A ver... sí, sí, tíralos.
5. — ¿Puedes traerme el diccionario de inglés?
~ Es que no se dónde está.
— En la estantería, al lado de la televisión.
~ ¡Ah! Ya lo veo.
6. — Casi no se oye, ¿verdad? ¿Puedo subir el volumen?
~ Sí, claro. Súbelo.

4a 1. — ¿Puedes traer el pan cuando vuelvas de la cocina?
~ Vale.
2. — ¡Uff...! ¡Cómo llueve! ¿Puedo coger tu paraguas un momento?
~ Sí, sí. Cógelo.
3. — ¡Qué ruido! ¿Puedo cerrar la ventana?
~ Perdona, pero es que yo tengo bastante calor.
— ¡Ah! Bueno...
4. — ¿Sabes una cosa? Hay un partido de fútbol buenísimo en la televisión. ¿Puedo ponerla?
~ Sí. Ponla, ponla.
5. — ¿Puedes traerme un paquete de tabaco cuando vuelvas?
~ Lo siento, pero es que no voy a volver.
— Ah! Bueno, pues entonces nada.

Lección 24

5a — ... Muchas gracias, Gema, por estar con nosotros.
~ Gracias a vosotros. Para mí es un placer estar charlando aquí contigo.
— Bien, si te parece, para empezar podemos hacer un breve repaso de tu vida y tu carrera.
~ Perfecto.
— Tú no eres de Madrid, ¿verdad?
~ No, no. Nací en Teruel, en el año mil novecientos cincuenta... Ya ves que no me importa decir la edad.
— Y pasaste allí toda tu infancia...
~ Sí, viví allí hasta mil novecientos sesenta y ocho, que me fui a Zaragoza a estudiar Psicología.
— Pero tengo entendido que no llegaste a trabajar de psicóloga.
~ Pues no... Terminé los estudios en junio de mil novecientos setenta y tres y en octubre de ese mismo año debuté en el cine con un papel secundario en «Los inocentes», de Raúl Alcoriza.
— Luego hiciste papeles principales en varias películas del mismo director...
~ En total fueron cinco... hasta que me casé, en mil novecientos ochenta.
— Después parece que te tomaste un descanso...
~ La verdad es que estaba un poco cansada de todo... Además, en mil novecientos ochenta y dos tuve un hijo y quería dedicarme a él... No sé... fueron varias circunstancias a la vez...
— Ya... y luego volviste a hacer otra película en mil novecientos ochenta y cuatro.
~ Sí, y volví con ganas... Fue como volver a empezar... Luego hice otras tres más y realmente trabajé muy a gusto.
— Fue la época en que ganaste el premio a la mejor actriz en el Festival de Cine de San Sebastián, en mil novecientos ochenta y ocho, ¿no?
~ Exacto. Y te aseguro que fue una sorpresa, ¿eh? Ni yo misma me lo esperaba...

9 La suerte es como un pez
que de sus manos resbaló
como la pretensión
de ser algo que se esfumó.
De maroto trabajó
pero él tenía vocación
de ser mucho más en la vida
que un kafkiano perdedor.

Pobre hombre, ni su nombre
sabe ya decir con tino.
Es su sino el de sufrir,
es de espinas su camino.
Deambula por los puertos
suplicando tragos de favor.
Apostó su vida a un bello sueño
que era su dueño y voló.
GABINETE CALIGARI, «Como un pez» (Fragmento).

Lección 25

3 — Pues tú, con el trabajo que tienes, has debido estar en muchos sitios, ¿no?
~ ¡Huy! En muchísimos.
— ¿En los cinco continentes?
~ Sí, sí, en los cinco.
— Y te habrán pasado muchas cosas...
~ Sí, de todo, buenas y malas... Algunas curiosas, como cuando monté en camello...
— ¡Ah! ¿Sí? Cuenta, cuenta.
~ Bueno, sólo he montado una vez, en Egipto, pero me encantó... No sé... tan alto y tan lento... Era una sensación muy agradable...
— Ya me imagino... Y seguro que has comido cosas rarísimas también.
~ Ya lo creo, hasta he comido carne de serpiente.
— ¡Ahgg...! ¡Qué horror!
~ Pues no estaba mala, no.
— ¿Y dónde fue?
~ En Kenia, en un safari.
— ¡Un safari! Eso sí que tiene que ser una aventura...
~ ¡Y que lo digas! Yo, la verdad es que nunca he pasado tanto miedo, pero...

Repaso 5

1b — ¿Dígame?
~ ¡Hola, Rosa! Soy Chema.
— ¡Hombre, Chema! ¡Qué alegría! ¿Qué tal por Lanzarote?
~ Fenomenal. Me está gustando muchísimo y lo estoy pasando muy bien.
— ¿Qué has visto?
~ Pues mira, he estado en la Playa del Papagayo... en los Jameos del Agua... también he visitado ya el Parque de Timanfaya, que es impresionante...
— Oye... y cambiando de tema, ¿te has comprado ya la cámara?
~ Todavía no, pero ya he mirado en varias tiendas y están muy bien de precio.
— Sí, sí, están más baratas que aquí... Por cierto, ¿y cómo está Angelines?
~ Bien, aunque todavía no la he visto. He quedado con ella para mañana. Quiero llevarla al restaurante que me recomendaste.
— Seguro que le gustará...
~ ... Oye, que se corta! Te llamo mañana, ¿eh?
— Vale. Un beso...

4a — Vamos a ver... Parece que ya tenemos una llamada... ¿Sí? Buenas tardes...
~ Buenas tardes.
— ¿Con quién tengo el gusto de hablar?
~ Con Begoña.
— ¿De dónde me llama?
~ De Bilbao.
— Bien, pues ya sabe que el personaje de nuestro concurso de hoy es Luis Buñuel, el cineasta español que dejó huella en la historia del cine.
~ Sí.
— ¿Ha visto muchas películas de Buñuel, Begoña?
~ Casi todas. Es que me encanta.
— ¿Y sabe mucho de su vida?
~ Hombre, un poquito...
— Bueno, pues entonces vamos a ver si tiene suerte y puede responder correctamente a nuestras preguntas. ¿Preparada?
~ Sí, sí, preparada.
— ¿Cuál fue la última película que dirigió Luis Buñuel?
~ «Ese oscuro objeto del deseo».
— ¿En qué año la dirigió?
~ En 1977.
— ¿Qué película de Buñuel ganó un primer premio del Festival de Cannes?
~ «Viridiana».
— Y la última pregunta: ¿en qué año murió Luis Buñuel?
~ En 1983.
— ¡Muy bien, Begoña! ¡Acaba usted de ganar...!

Grammatikübersicht

Inhaltsverzeichnis

Vom Grammatikstoff der Lektionen zur Grammatikübersicht

Wenn sich bei der Durchnahme der Lektionen Fragen zur Grammatik ergeben, die von den Recuerda-Seiten nicht beantwortet werden, oder wenn Sie einzelne Phänomene in einen größeren Zusammenhang einordnen möchten, dann können Sie die nachfolgende Grammatikübersicht zu Rate ziehen. Sie stellt keine vollständige Grammatik des Spanischen dar, sondern eine Zusammenfassung des grammatischen Stoffs von Band 1 dieses Lehrwerks.
Ihre Benutzung wird durch dieses Verzeichnis erleichtert, das von den Lektionen auf die entsprechenden Abschnitte der Grammatikübersicht verweist.

1 ¿Cómo se llama?

llamarse (Sing.)	→ 1.1; 1.9
Die Personalpronomen (Sing.)	→ 11.1
Buchstaben des Alphabets	→ 19

2 ¿De dónde es?

ser und *hablar* (Sing.)	→ 1.1
se habla, se dice, se escribe	→ 1.9
Nationalitätsadjektive (Sing.)	→ 4.1
Betonung und Akzentsetzung	→ 19
Fragewörter: *cómo, de dónde, qué*	→ 16

3 Información personal

Das Präsens (Sing.): *trabajar, aprender, vivir, tener, hacer*	→ 1.1
Die Verneinung: *no*	→ 5.1
Der bestimmte Artikel: *el/la*	→ 2.1
de + bestimmter Artikel: *del/de la*	→ 2.1.1
Der unbestimmte Artikel: *un/una*	→ 2.2
Die Substantive (Sing.)	→ 3.1
Fragewörter: *dónde, qué, cuál, quién*	→ 16
Präpositionen: *en*	→ 10.5

4 ¿Tú o usted?

estar, estudiar (Sing.)	→ 1.1
Verbformen *tú – usted*	→ 1.1; 11.1
ser und *estar*	→ 1.11
a + bestimmter Artikel: *al/a la*	→ 2.1.1
Gebrauch des Artikels bei *señor, señora*	→ 2.1.2
éste, ésta	→ 13

5 Mi familia

Das Präsens (Plur.): *estudiar, hablar, estar, vivir, tener, ser*	→ 1.1
Die Personalpronomen (Plur.)	→ 11.1
Der bestimmte Artikel (Plur.): *los, las*	→ 2.1
Die Substantive (Plur.)	→ 3.2
Adjektive: Veränderlichkeit	→ 4.3
Die Possessivpronomen (Sing. + Plur.)	→ 12
Fragewörter: *cuántos/cuántas*	→ 16

6 Objetos

hay	→ 1.12
Der unbestimmte Artikel (Plur.): *unos/unas*	→ 2.2
Die direkten Objektpronomen: *lo/la*	→ 11.2.1
Die Demonstrativpronomen: *este – éste; ese – ése*	→ 13
Fragewörter: *cuál, cuánto*	→ 16
Betonung	→ 19

7 Mi pueblo o mi ciudad

Gebrauch von *ser* und *estar*	→ 1.11
Ortsangaben: *en, cerca de, lejos de* (*al* + Himmelsrichtung)	→ 8; 10
Mengenangaben: *muy, mucho, bastante*	→ 9
mucho/-a/-os/-as	→ 14.4
Das Relativpronomen *que*	→ 15

8 Mi casa y mi habitación

Der Gebrauch von *hay* und *estar*	→ 1.12
Ortsangaben: *delante de, detrás de, a la derecha/izquierda de, al lado de, junto a, encima de, sobre, debajo de*	→ 8
en	→ 10.5
entre	→ 10.6

9 ¿Dónde y a qué hora?

Der Imperativ (Sing.)	→ 1.4
uno/-a, ninguno/-a als Pronomen	→ 14
Ortsangaben: *al final de, enfrente de*	→ 8
Zeitangaben: *a*	→ 10.1
de	→ 10.2
por	→ 10.10

10 Gustos

Die indirekten Objektpronomen	→ 11.2
Der Vergleich: *más … que*	→ 4.5
Die Verneinung: *no … ni … ni …*	→ 5.3

11 Un día normal

Das Präsens (Sing.): – unregelmäßige Verben: *salir*	→ 1.1
– Verben mit Stammveränderung: e → ie (*empezar*), o → ue (*volver*)	→ 1.1
– reflexive Verben	→ 1.9; 11.3
Zeitangaben: *antes, todos los días*	→ 7

12 El fin de semana
Das Präsens (Sing. und Plur.):
– unregelmäßige Verben: *salir* → 1.1
– Verben mit Stammveränderung:
e → ie (*empezar*), o → ue (*volver*) → 1.1
– reflexive Verben → 1.9
Die Reflexivpronomen → 11.3
Die Verneinung: *no … nunca* → 5.2
Häufigkeitsangaben: *siempre, normalmente, a menudo, a veces, nunca …* → 7

13 El trabajo
venir (Präsens) → 1.1
Mengenangaben: *poco, nada …* → 5.2; 9
Zeitangaben: *a* → 10.1
de → 10.2
desde … hasta → 10.3
en → 10.5
por → 10.10
Häufigkeitsangaben: *una vez al día/ por semana* → 7
Fragewörter: *por qué* → 16

14 Ha sido un día normal
Das Perfekt → 1.3

15 ¿Qué te pasa?
Verben mit Stammveränderung:
e → ie (*querer*),
o → ue (*encontrarse, doler*) → 1.1
¡*Qué* + Substantiv + Verb!
¡*Qué* + Adjektiv + Verb! → 17

16 ¿Cómo quedamos?
Die Modalverben *poder, querer, tener que* + Inf. → 1.10
conmigo, contigo, con él … → 11.2.4

17 Comidas
Verben mit Stammveränderung:
e → ie (*pedir*), -g- (*poner*) → 1.1
Mengenangaben: *un kilo de, un poco de, un poco más de, nada más* → 9
Zeitangaben: *antes de, después de* → 6.2

18 Ropa
Der Vergleich: *tan … como, más … que, menos … que; mejor, peor* → 4.5
Die direkten Objektpronomen: *los/las* → 11.2.1
Zwei Objektpronomen im Satz:
me los, se lo … → 11.2.3

19 ¡Feliz cumpleaños!
estar + Gerundium → 1.2
Der Gebrauch von *ser* und *estar* → 1.11
esto → 13
para mí, para ti … → 10.9; 11.2.4

20 De viaje
llover, nevar → 1.1.4
acabar de → 1.6
hacer: hace cinco minutos → 6.4
algún/alguno/-a → 14.3
ningún/ninguno/-a → 14.3
Fragewörter: *adónde* → 16

21 Contar un viaje
Das Indefinido → 1.8
Zeitangaben: *el 14 de abril* → 10.2
en mayo → 10.5

22 Planes
ir a + Infinitiv (nahe Zukunft) → 1.5
Das Futur → 1.7
tener que – hay que → 1.10.3, 1.10.5
para + Infinitiv → 10.9

23 Permiso y favores
Der Imperativ (Sing.) → 1.4
Der Imperativ mit direktem Objektpronomen → 1.4.3; 11.2.3

24 Famosos
Das Indefinido → 1.8

25 Experiencias y opiniones
Gebrauch von Perfekt und Indefinido → 1.3.3; 1.8.4
aún no, todavía no → 5.4

1 Die Verben (Los verbos)

Die spanischen Verben werden in drei Gruppen eingeteilt, nämlich, entsprechend ihren Endungen, in die Verben auf -ar, -er und -ir.

1.1 Das Präsens (El presente)

1.1.1 Regelmäßige Verben

			habl ar *(sprechen)*	**aprend er** *(lernen)*	**viv ir** *(wohnen)*
Sing.	1.	yo	habl**o**	aprend**o**	viv**o**
	2.	tú	habl**as**	aprend**es**	viv**es**
	3.	él, ella, usted	habl**a**	aprend**e**	viv**e**
Plur.	1.	nosotros/-as	habl**amos**	aprend**emos**	viv**imos**
	2.	vosotros/-as	habl**áis**	aprend**éis**	viv**ís**
	3.	ellos/-as	habl**an**	aprend**en**	viv**en**

1.1.2 Verben mit Veränderung des Stammvokals

e → ie	o → ue	e → i
empezar *(anfangen)*	**volver** *(zurückkommen)*	**pedir** *(bitten)*
emp**iezo**	**vuelvo**	p**ido**
emp**iezas**	**vuelves**	p**ides**
emp**ieza**	**vuelve**	p**ide**
empez**amos**	volv**emos**	ped**imos**
empez**áis**	volv**éis**	ped**ís**
emp**iezan**	**vuelven**	p**iden**
ebenso: despertarse, pensar, preferir, querer, sentir, …	acostarse, doler, encontrarse, …	repetir, servir, …

u → ue	**-y-**
jugar *(spielen)*	**incluir** *(einschließen)*
j**uego**	inclu**yo**
j**uegas**	inclu**yes**
j**uega**	inclu**ye**
jug**amos**	inclu**imos**
jug**áis**	inclu**ís**
j**uegan**	inclu**yen**
	ebenso: construir

⚠ Die Veränderungen des Stammvokals erscheinen im Singular und in der dritten Person Plural, also in den Formen mit Betonung des Stamms.

1.1.3 Unregelmäßige Verben

1.1.3.1 Veränderung der 1. Person Singular

- c → zc

conocer *(kennen)*	**conducir** *(fahren)*
cono**zco**	condu**zco**
conoc**es**	conduc**es**
conoc**e**	conduc**e**
conoc**emos**	conduc**imos**
conoc**éis**	conduc**ís**
conoc**en**	conduc**en**

ebenso: desaparecer, nacer, ...; traducir, ...

Die Verben, die auf -cer und -ucir enden, haben in der ersten Person Singular ein -z-.

- -g-

salir *(weggehen)*	**hacer** *(machen)*	**traer** *(bringen)*
sal**go**	ha**go**	trai**go**
sal**es**	hac**es**	tra**es**
sal**e**	hac**e**	tra**e**
sal**imos**	hac**emos**	tra**emos**
sal**ís**	hac**éis**	tra**éis**
sal**en**	hac**en**	tra**en**

ebenso: poner, ...

1.1.3.2 Zweifach unregelmäßige Verben

decir *(sagen)*	**oír** *(hören)*	**tener** *(haben)*	**venir** *(kommen)*
di**go**	oi**go**	ten**go**	ven**go**
dic**es**	oy**es**	tien**es**	vien**es**
dic**e**	oy**e**	tien**e**	vien**e**
dec**imos**	o**ímos**	ten**emos**	ven**imos**
dec**ís**	o**ís**	ten**éis**	ven**ís**
dic**en**	oy**en**	tien**en**	vien**en**

Diese Verben bekommen bei der 1. Pers. Sing. ein -g- im Stamm und verändern außerdem den Stammvokal.

⇨ Die unregelmäßigen Verben finden Sie in der Tabelle S. 138 ff.

1.1.4 Besonderheiten

Es gibt Verben, die nur in der 3. Pers. Sing. benutzt werden:

Llueve. *(Es regnet.)*
Nieva. *(Es schneit.)*

Einige Verben werden normalerweise in der dritten Person Singular oder Plural gebraucht, können aber auch in anderen Personen benutzt werden: *costar, gustar, morir:*

Gaudí **muere** en 1926. *(Gaudí starb 1926.)*
Me muero de hambre. *(Ich sterbe vor Hunger.)*

1.2 Das Gerundium (El gerundio)

1.2.1 Regelmäßige Formen

estar + Gerundium → ¿estáis escuchando?

estar	Gerundium
estoy	hablando
estás	aprendiendo
está	viviendo
estamos	
estáis	
están	

-ar → ando
-er → iendo
-ir → iendo

Estar + Gerundium wird für Handlungen gebraucht, die gerade stattfinden:

Estoy hablando con Clara. *(Ich spreche gerade mit Clara.)*
Laura **está aprendiendo** inglés. *(Laura lernt gerade Englisch.)*

⚠ „Gerade" in einem Präsens-Satz gibt man mit dem Gerundium wieder;
„gerade" in einem Vergangenheits-Satz dagegen mit *acabar de* (vgl. 1.6): „ich habe gerade …"

1.2.2 Einige unregelmäßige Formen

e → i:	decir *(sagen)*	→	**diciendo**
o → u:	dormir *(schlafen)*	→	**durmiendo**
-y-:	leer *(lesen)*	→	**leyendo**
	oír *(hören)*	→	**oyendo**
	ir *(gehen)*	→	**yendo**

Jorge **está durmiendo**. *(Jorge schläft gerade.)*
Adela **está leyendo** el periódico. *(Adela liest gerade die Zeitung.)*

⇨ Weitere unregelmäßige Formen s. Verbtabelle S. 138 ff.

1.3 Das Perfekt (El pretérito perfecto)

1.3.1 Regelmäßige Verben

haber (Präsens) + **Partizip**

habl**ado** *(gesprochen)*	aprend**ido** *(gelernt)*	viv**ido** *(gewohnt)*

		hablar *(sprechen)*		**aprender** *(lernen)*		**vivir** *(wohnen)*	
Sing.	1.	he	hablado	he	aprendido	he	vivido
	2.	has	hablado	has	aprendido	has	vivido
	3.	ha	hablado	ha	aprendido	ha	vivido
Plur.	1.	hemos	hablado	hemos	aprendido	hemos	vivido
	2.	habéis	hablado	habéis	aprendido	habéis	vivido
	3.	han	hablado	han	aprendido	han	vivido

Das Perfekt wird immer mit den Präsensformen von *haber* und dem Partizip des Hauptverbs gebildet.

Hoy **he comido** en un restaurante muy bueno. *(Heute habe ich in einem sehr guten Restaurant gegessen.)*
¿**Has estado** alguna vez en Argentina? *(Bist du jemals in Argentinien gewesen?)*
Esta semana **he ido** al cine dos veces. *(Diese Woche bin ich zweimal ins Kino gegangen.)*

1.3.2 Einige unregelmäßige Partizipien

abrir *(öffnen)*	**abierto**	hacer *(machen)*	**hecho**
decir *(sagen)*	**dicho**	poner *(stellen)*	**puesto**
descubrir *(entdecken)*	**descubierto**	ver *(sehen)*	**visto**
escribir *(schreiben)*	**escrito**	volver *(zurückkommen)*	**vuelto**

⇨ Weitere unregelmäßige Formen s. Verbtabelle S. 138 ff.

⚠ Zum Partizip: Die Form des Partizips ist unveränderlich, wenn es Bestandteil des Perfekts ist. Adjektivisch gebraucht ist es aber veränderlich:

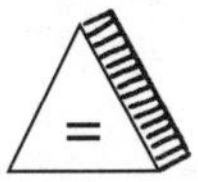

Esta mañana he abierto la ventana.
(Heute vormittag habe ich das Fenster geöffnet.)

Yo no he abierto las ventanas.
(Ich habe die Fenster nicht geöffnet.)

Juana ha abierto los libros.
(Juana hat die Bücher geöffnet.)

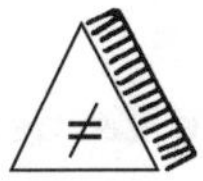

La ventana está abiert**a**.
(Das Fenster ist geöffnet.)

Las ventanas están abiert**as**.
(Die Fenster sind geöffnet.)

Los libros están abiert**os**.
(Die Bücher sind geöffnet.)

1.3.3 Das Perfekt wird gebraucht ...

- um über abgeschlossene Handlungen oder Ereignisse in der Vergangenheit zu sprechen, die für den Sprechenden noch einen Bezug zur Gegenwart haben:

He estado en París con mi novia. *(Ich bin mit meiner Freundin in Paris gewesen.)*
He visto una película estupenda. *(Ich habe einen tollen Film gesehen.)*

- zusammen mit Zeitangaben, die auf die Gegenwart bzw. auf einen noch gegenwärtigen Zeitraum hinweisen: *hoy, esta mañana, esta semana, este mes, ya, todavía,* etc.

Ya **ha salido** el tren. *(Der Zug ist schon abgefahren.)*
Este verano **ha hecho** mucho calor. *(Diesen Sommer war es sehr heiß.)*
Esta semana **he ido** a una exposición. *(Diese Woche habe ich eine Ausstellung besucht.)*

- wenn man allgemein über Erfahrungen, Erlebnisse oder Handlungen spricht, ohne den Zeitpunkt näher anzugeben *(alguna vez, nunca):*

¿**Ha ido** alguna vez a México? *(Sind Sie jemals in Mexiko gewesen?)*
Mis padres no **han viajado** nunca. *(Meine Eltern sind niemals verreist.)*

1.4 Der Imperativ (El imperativo)

1.4.1 Regelmäßige Verben

	mir ar (*schauen*)	le er (*lesen*)	abr ir (*öffnen*)
(tú)	**¡mira!**	**¡lee!**	**¡abre!**
(usted)	**¡mire!**	**¡lea!**	**¡abra!**

Der Imperativ für die 2. und 3. Person Singular hat dieselben Unregelmäßigkeiten wie das Verb im Präsens:

cerrar:	*Marta* cierra la ventana.	¡**Cierra** la ventana!	¡**Cierre** la ventana!
(schließen)	*(Marta macht das Fenster zu.)*	*(Mach das Fenster zu!)*	*(Machen Sie das Fenster zu!)*
jugar:	Roberto juega al tenis.	¡**Juega** conmigo!	¡**Juegue** conmigo!
(spielen)	*(Roberto spielt Tennis.)*	*(Spiel mit mir!)*	*(Spielen Sie mit mir!)*

1.4.2 Unregelmäßige Verben

Infinitiv		dar (*geben*)	decir (*sagen*)	estar (*sein*)	hacer (*machen*)	ir (*gehen*)	poner (*stellen*)
Imperativ	(tú)	**¡da!**	**¡di!**	**¡está!**	**¡haz!**	**¡ve!**	**¡pon!**
	(usted)	**¡dé!**	**¡diga!**	**¡esté!**	**¡haga!**	**¡vaya!**	**¡ponga!**

		saber (*wissen*)	salir (*weggehen*)	ser (*sein*)	venir (*kommen*)	tener (*haben*)	ver (*sehen*)
	(tú)	*ungebräuchlich*	**¡sal!**	**¡sé!**	**¡ven!**	**¡ten!**	**¡ve!**
	(usted)	**¡sepa!**	**¡salga!**	**¡sea!**	**¡venga!**	**¡tenga!**	**¡vea!**

Olga va al teatro.	¡**Ve** al teatro!	¡**Vaya** al teatro!
(Olga geht ins Theater.)	*(Geh ins Theater!)*	*(Gehen Sie ins Theater!)*
Carlos hace la comida.	¡**Haz** la comida!	¡**Haga** la comida!
(Carlos macht das Essen.)	*(Mach das Essen!)*	*(Machen Sie das Essen!)*

⇨ Weitere unregelmäßige Formen s. Verbtabelle S. 138 ff.

1.4.3 Der Imperativ + Pronomen

– ¿Puedo abrir la ventana? *(Darf ich das Fenster aufmachen?)*
– Sí, **ábrela**. *(Ja, mach es auf.)*

– ¿Puedo encender la televisión? *(Darf ich das Fernsehen anmachen?)*
– Sí, **enciéndela**. *(Ja, mach es an.)*
(Vgl. 11.2 und 12.)

Bei Verben wie *coger* und *tomar* wird das Pronomen aber oft weggelassen, wenn die Sache gleichzeitig hingereicht wird:

– ¿Tienes un cigarrillo? *(Hast du eine Zigarette?)*
– Sí, **toma**. *(Ja, nimm [sie].)*

– ¿Me dejas 5000 pesetas? *(Kannst du mir 5000 Peseten leihen?)*
– Sí, **toma**. *(Ja, nimm [sie].)*

1.4.4 **Der Imperativ wird gebraucht ...**

- um Anweisungen zu erteilen:

  – Oiga, perdone, ¿el restaurante Villa está cerca de aquí? *(Entschuldigen Sie, ist das Restaurant Villa hier in der Nähe?)*
  – Sí, muy cerca. **Siga** todo recto y **gire** en la primera calle a la derecha. *(Ja, ganz nah. Gehen Sie immer geradeaus und biegen Sie in die erste Straße rechts ab.)*

- um jemandem etwas anzubieten:

  Coge, **coge** otro pastel, que está muy bueno. *(Nimm nur mehr Kuchen, er schmeckt sehr gut.)*

- um jemandem die Erlaubnis zu erteilen, etwas zu tun:

  – ¿Puedo llevarme el periódico? *(Darf ich die Zeitung mitnehmen?)*
  – Sí, **llévatelo**. *(Ja, nimm sie mit.)*

1.5 *ir a* + Infinitiv

1.5.1

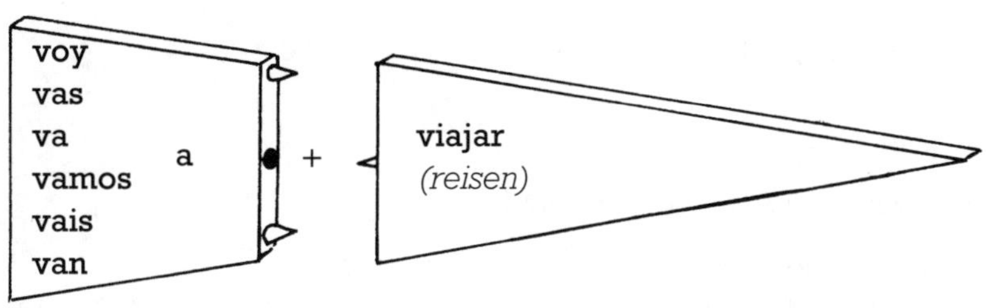

⚠ *ir a* + Infinitiv ist eine Möglichkeit, Zukünftiges auszudrücken:

Voy a viajar por Europa. *(Ich werde durch Europa reisen.)*
Voy a visitar a mis abuelos. *(Ich werde meine Großeltern besuchen.)*

1.5.2 ***Ir a* + Infinitiv + Pronomen**

Me voy a comprar un piso. Oder: Voy a comprar**me** un piso. *(Ich werde mir eine Wohnung kaufen.)*
Voy a regalar**le** un libro. Oder: **Le** voy a regalar un libro. *(Ich werde ihr ein Buch schenken.)*
Beachten Sie die Stellung der Pronomen (vgl. 11.2.3).

1.5.3 ***Ir a* + Infinitiv wird gebraucht ...**

- wenn etwas unmittelbar bevorsteht:

  Esta tarde **vamos a** ir al teatro. *(Heute Abend gehen wir ins Theater.)*
  El mes que viene **voy a** estudiar árabe. *(Nächsten Monat lerne ich Arabisch.)*

- wenn man sicher ist, dass etwas geschehen wird:

  Ana **va a** venir a Alemania. *(Ana kommt nach Deutschland.)*
  Arturo **va a** vender su coche. *(Arturo wird sein Auto verkaufen.)*

1.6 *acabar de* + Infinitiv

1.6.1

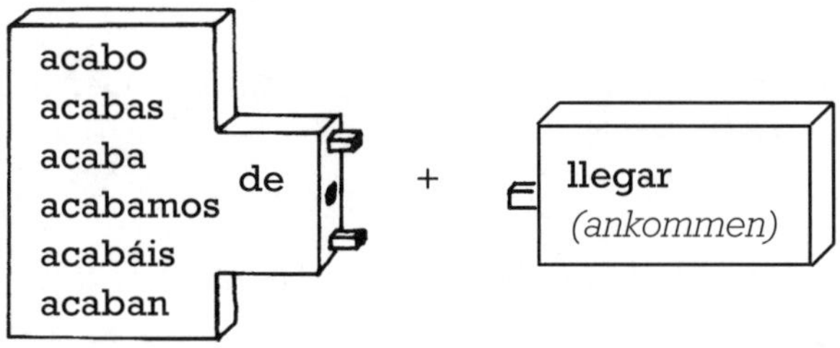

Acabo de levantarme. *(Ich bin gerade aufgestanden.)*
Rosa **acaba de** llamar por teléfono. *(Rosa hat gerade angerufen.)*

1.6.2 *Acabar de* + Infinitiv + Pronomen

Me acabo de duchar. Oder: Acabo de duchar**me**. *(Ich habe mich gerade geduscht.)*
Te acabo de comprar un pantalón. Oder: Acabo de comprar**te** un pantalón. *(Ich habe dir gerade eine Hose gekauft.)*
Beachten Sie die Stellung der Pronomen (vgl. 11.2.3).

1.6.3 *Acabar de* + Infinitiv wird gebraucht ...

wenn man ausdrücken will, dass jemand etwas gerade getan hat:

Acabo de terminar este trabajo. *(Gerade habe ich diese Arbeit beendet.)*
Acabamos de hablar con tu hermana. *(Wir haben gerade mit deiner Schwester gesprochen.)*

1.7 Das Futur (El futuro imperfecto)

1.7.1 Regelmäßige Verben

habl ar *(sprechen)*	**aprend er** *(lernen)*	**viv ir** *(wohnen)*
hablar**é**	aprender**é**	vivir**é**
hablar**ás**	aprender**ás**	vivir**ás**
hablar**á**	aprender**á**	vivir**á**
hablar**emos**	aprender**emos**	vivir**emos**
hablar**éis**	aprender**éis**	vivir**éis**
hablar**án**	aprender**án**	vivir**án**

En Madrid **compartiré** un piso con mis amigas. *(In Madrid werde ich eine Wohnung mit meinen Freundinnen teilen.)*
Buscaré un hotel barato. *(Ich werde ein billiges Hotel suchen.)*

1.7.2 Unregelmäßige Verben

hacer	**haré** etc.	tener	**tendré** etc.
poder	**podré** etc.		
poner	**pondré** etc.	decir	**diré** etc.
querer	**querré** etc.	salir	**saldré** etc.
saber	**sabré** etc.	venir	**vendré** etc.

El año que viene **podré** ir de vacaciones a China. *(Nächstes Jahr werde ich im Urlaub nach China gehen können.)*
Marcelino **tendrá** cuarenta años. *(Marcelino wird wohl vierzig Jahre alt sein.)*

⇨ Weitere unregelmäßige Formen s. Verbtabelle S. 138 ff.

1.7.3 Das Futur wird gebraucht …

- um eine zukünftige Handlung vorauszusagen:

  Compraremos esta casa el próximo mes. *(Wir werden dieses Haus nächsten Monat kaufen.)*
  Tendrás muchos hijos. *(Du wirst viele Kinder haben.)*

- um von einer in unbestimmter Zukunft stattfindenden Handlung zu sprechen:

  Algún día **iré** a Nicaragua. *(Eines Tages werde ich nach Nicaragua fliegen.)*
  Ya nos **veremos** un día de éstos. *(Wir werden uns in den nächsten Tagen sehen.)*

- um Vermutungen in der Gegenwart auszudrücken:

  Ahora **serán** las seis y media. *(Es wird jetzt halb sieben sein.)*
  – ¿Por qué no viene Mónica? – No **tendrá** tiempo. *(Warum kommt Mónica nicht mit? – Sie wird wohl keine Zeit haben.)*

1.8 Das Indefinido (El pretérito indefinido)

1.8.1 Regelmäßige Verben

habl ar *(sprechen)*	**aprend** er *(lernen)*	**viv** ir *(wohnen)*
habl**é**	aprend**í**	viv**í**
habl**aste**	aprend**iste**	viv**iste**
habl**ó**	aprend**ió**	viv**ió**
habl**amos**	aprend**imos**	viv**imos**
habl**asteis**	aprend**isteis**	viv**isteis**
habl**aron**	aprend**ieron**	viv**ieron**

Ayer me **encontré** con Rocío. *(Gestern habe ich Rocío getroffen.)*
La semana pasada **comimos** en un restaurante muy bueno. *(Letzte Woche haben wir in einem sehr guten Restaurant gegessen.)*

1.8.2 Verben mit Veränderung des Stammvokals

o → u **dormir** *(schlafen)*	e → i **pedir** *(bitten)*	-y- **oír** *(hören)*
dorm**í**	ped**í**	o**í**
dorm**iste**	ped**iste**	o**íste**
durm**ió**	pid**ió**	o**yó**
dorm**imos**	ped**imos**	o**ímos**
dorm**isteis**	ped**isteis**	o**ísteis**
durm**ieron**	pid**ieron**	o**yeron**

ebenso: morir	servir vestirse	construir

La semana pasada **durmieron** muy mal. *(Letzte Woche haben sie sehr schlecht geschlafen.)*
Ayer **oí** el nuevo disco de Mecano. *(Gestern habe ich die neue Schallplatte von Mecano gehört.)*

⚠ Die Veränderung des Stammvokals findet nur in der dritten Person Singular und Plural statt.

1.8.3 Ganz unregelmäßige Verben

- **ser** *sein* = **ir** *gehen*

fui
fuiste
fue
fuimos
fuisteis
fueron

Aurora **fue** muy feliz en Argentina.
(Aurora war sehr glücklich in Argentinien.)

Felipe **fue** a Barcelona en 1983.
(Felipe fuhr 1983 nach Barcelona.)

Im Indefinido sind die Formen von *ser* und *ir* gleich.

- **dar** *geben*

di
diste
dio
dimos
disteis
dieron

El año pasado me **dieron** trabajo en una empresa americana.
(Letztes Jahr habe ich eine Stelle in einer amerikanischen Firma bekommen.)

-

estar	*(sein)*	**estuve** etc.
hacer	*(machen)*	**hice** etc.
poder	*(können)*	**pude** etc.
poner	*(stellen)*	**puse** etc.
querer	*(wollen)*	**quise** etc.
saber	*(wissen)*	**supe** etc.
tener	*(haben)*	**tuve** etc.
venir	*(kommen)*	**vine** etc.

conducir *(fahren)*	**conduje** etc.
decir *(sagen)*	**dije** etc.
traducir *(übersetzen)*	**traduje** etc.
traer *(bringen)*	**traje** etc.

Leider weist das häufig verwendete Indefinido zahlreiche unregelmäßige Formen auf. Die der wichtigen Verben lernt man am besten auswendig.

⇨ Weitere unregelmäßige Formen s. Verbtabelle S. 138 ff.

1.8.4 Das Indefinido wird gebraucht ...

- um über Handlungen oder Geschehnisse zu sprechen, die zu einem bestimmten Zeitpunkt oder in einem bestimmten Zeitraum stattgefunden haben und für den Sprechenden abgeschlossen sind.

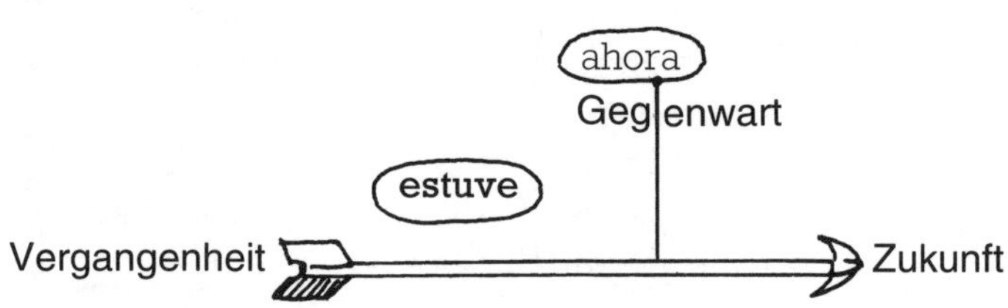

Estuve en Inglaterra hace dos años. *(Vor zwei Jahren war ich in England.)*
Pablo y Roberto **se conocieron** a Berna. *(Pablo und Roberto lernten sich in Bern kennen.)*

- mit Zeitangaben, die auf einen Zeitpunkt bzw. einen Zeitraum in der Vergangenheit hinweisen, der nicht mehr aktuell ist: *ayer, el otro día, la semana pasada, el mes pasado, el año pasado, hace unos meses,* usw.

Picasso **nació** en 1881. *(Picasso wurde 1881 geboren.)*
El mes pasado **visité** a mi tío en Valencia. *(Letzte Woche habe ich meinen Onkel in Valencia besucht.)*

- Je nachdem, wie nahe an der Gegenwart bzw. wie weit von der Gegenwart entfernt der Sprechende die Handlung bzw. das Ereignis einstuft, kann in manchen Fällen entweder Perfekt oder Indefinido verwendet werden:

He ganado en la lotería un millón de pesetas. Das Ereignis wirkt noch nach, ist noch aktuell.
Gané en la lotería un millón de pesetas. Es ist einmal passiert, es ist nicht mehr aktuell – das Geld ist weg!

1.9 Die reflexiven Verben und das unpersönliche *se*

Bei den reflexiven Verben bezieht sich die Handlung auf das Subjekt.
Die reflexiven Verben setzen sich zusammen aus der Verbform und dem entsprechenden Reflexivpronomen:

llamarse *(heißen)*	
me	llamo
te	llamas
se	llama
nos	llamamos
os	llamáis
se	llaman

Se llama Irma. *(Sie heißt Irma.)*

Nos levantamos siempre a las siete. *(Wir stehen immer um sieben auf.)*

¡Dúcha**te**! *(Dusch dich!)*

¿Cuándo vais a casar**os**? *(Wann heiratet ihr?)*

Zur Stellung des Reflexivpronomens vgl. auch 11.3.

Manche Verben werden im Spanischen reflexiv gebraucht, im Deutschen dagegen nicht: despertarse *(aufwachen)*, levantarse *(aufstehen)*, acostarse *(zu Bett gehen)*, llamarse *(heißen)*, casarse *(heiraten)*, u. a.
Se wird oft unpersönlich gebraucht und entspricht dann dem deutschen „man“:

se dice	*(man sagt)*	**¿Cómo se dice en español?**
se escribe	*(man schreibt)*	**¿Se escribe con „y“?**
se habla	*(man spricht)*	**¿Se habla español en Argentina?**

1.10 Die Modalverben

Die Modalverben drücken aus, wie jemand zu einer Handlung steht: ob jemand etwas (nicht) machen will, kann, darf, muss oder soll. Die Modalverben stehen mit einem Hauptverb im Infinitiv:

Quiero ir a pasear. *(Ich will spazierengehen.)*
Tengo que ir al médico. *(Ich muss zum Arzt gehen.)*

1.10.1 *Poder* + Infinitiv

- drückt eine Möglichkeit aus:

Puede ir en tren o en avión. *(Sie können mit dem Zug fahren oder fliegen.)*
No **puedo** concentrarme. *(Ich kann mich nicht konzentrieren.)*

- drückt eine Erlaubnis aus:

¿Puedo ir al cine? *(Darf ich ins Kino gehen?)*
Puedes tomar mi coche. *(Du kannst mein Auto nehmen.)*

1.10.2 *Querer* + Infinitiv

- drückt einen Wunsch aus:

¿Quiere venir con nosotros al teatro? *(Möchten Sie mit uns ins Theater gehen?)*
Quiero probarme esa falda. *(Ich möchte diesen Rock anprobieren.)*

1.10.3 *Tener que* + Infinitiv

– drückt eine Verpflichtung oder eine Notwendigkeit aus:

Tenemos que vender todos los muebles. *(Wir müssen alle Möbel verkaufen.)*
Esta tarde no puedo. Es que **tengo que** estudiar. *(Heute abend kann ich nicht, ich muss nämlich lernen.)*

1.10.4 *Deber* + Infinitiv

– drückt ebenfalls eine Verpflichtung aus, auch in unpersönlicher Form:

Debo visitar a mi madre mañana. *(Ich soll morgen meine Mutter besuchen.)*
Se **debe** pagar. *(Man muss bezahlen.)*

1.10.5 *Hay que* + Infinitiv

– zum unpersönlichen Ausdruck einer Verpflichtung, einer Notwendigkeit:

Para viajar a Egipto **hay que** tener pasaporte. *(Um nach Ägypten zu fahren, muss man einen Reisepass haben.)*
Hay que hacer la limpieza a veces. *(Man muss hin und wieder putzen.)*

1.10.6 Modalverb + Infinitiv + Pronomen

No **me** puedo concentrar. No puedo concentrar**me**. *(Ich kann mich nicht konzentrieren.)*
Te tengo que decir una cosa. Tengo que decir**te** una cosa. *(Ich muss dir etwas sagen.)*
Vgl. 11.2 und 12.

1.11 *Ser* oder *estar?*

ser

– Identität:
¿Eres la hermana de Gloria, verdad?
(Du bist Glorias Schwester, oder?)
¿Qué **es** eso? – Es un bolígrafo.
(Was ist das? – Das ist ein Kugelschreiber.)

– Herkunft, Staatsangehörigkeit:
Isabel Allende **es** chilena.
(Isabel Allende ist Chilenin.)

– Beruf:
Soy ingeniera.
(Ich bin Ingenieurin.)

– Religion:
Soy católica.
(Ich bin katholisch.)

– Eigenschaften von Personen, Gegenständen usw.:
Es baja, morena y lleva gafas.
(Sie ist klein, schwarzhaarig und trägt eine Brille.)
¿Su coche **es** negro, verdad?
(Ihr Auto ist schwarz, oder?)
Pedro **es** muy simpático.
(Pedro ist sehr sympathisch.)
El vino **es** bueno. *(Der Wein ist gut.)*

estar

– Lage im Raum:
El banco **está** al final de esta calle.
(Die Bank ist am Ende dieser Straße.)

– Anwesenheit:
El jefe no **está**.
(Der Chef ist nicht da.)

– Momentane Eigenschaften:
¿Funciona esa radio? – No, **está** rota.
(Geht dieses Radio? – Nein, es ist kaputt.)
¿Ya **está** abierta la farmacia?
(Ist die Apotheke schon geöffnet?)

– Körperliches und seelisches Befinden:
¿Estás cansada?
(Bist du müde?)
Sí, **estoy** muy cansada.
(Ja, ich bin sehr müde.)
¿Estás muy contento, no?
(Du bist sehr froh, oder?)
Pedro **está** hoy un poco antipático.
(Pedro ist heute etwas unfreundlich.)

ser	estar
– Beschaffenheit: Esa camisa **es** de algodón. *(Dieses Hemd ist aus Baumwolle.)*	– Momentanes Geschehen: *estar* + Gerundium ¿Qué hace la niña? – **Está jugando** en el patio. *(Was macht die Kleine? – Sie spielt gerade im Hof.)*
– Zugehörigkeit: ¿De quién **es** el periódico? *(Wem gehört die Zeitung?)* **Es** de María. *(Sie gehört María.)*	– Bewertung von Speisen und Getränken: La sopa **está** muy caliente. *(Die Suppe ist sehr heiß.)* El vino **está** bueno. *(Der Wein schmeckt gut.)*
– Uhrzeit: ¡Ya **son** las dos! *(Es ist schon zwei Uhr!)*	
– zeitliche Einordnung: Mi cumpleaños **es** el siete de mayo. *(Mein Geburtstag ist am siebten Mai.)*	

1.12 *hay* oder *estar*?

- **hay**

hay +	Substantiv	**Hay** tabaco.
	unbestimmter Artikel + Substantiv	**Hay** un libro.
	Substantiv Plural	**Hay** cartas.
	Zahlwort / Indefinitpron.+ Substantiv	**Hay** tres / muchas … cartas.

Hay ist eine unpersönliche, im Präsens unveränderliche Form von *haber*, mit der das Vorhandensein von etwas ausgedrückt wird.

- **está / están**

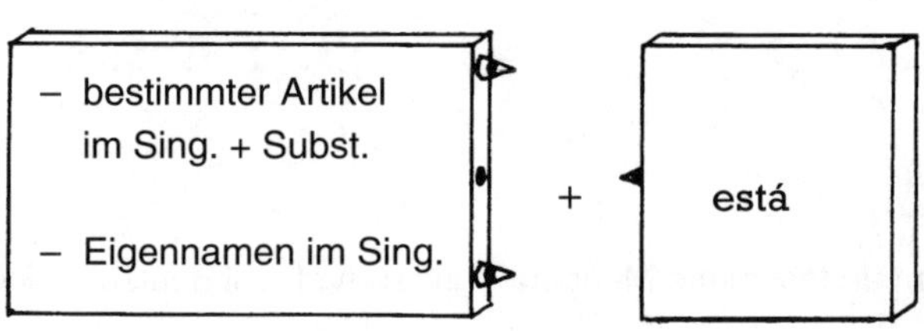

El cuaderno **está** encima de la mesa. *(Das Heft ist auf dem Tisch.)*
Manuel **está** en Madrid. *(Manuel ist in Madrid.)*
Figueras **está** en la Costa Brava. *(Figueras ist an der Costa Brava.)*

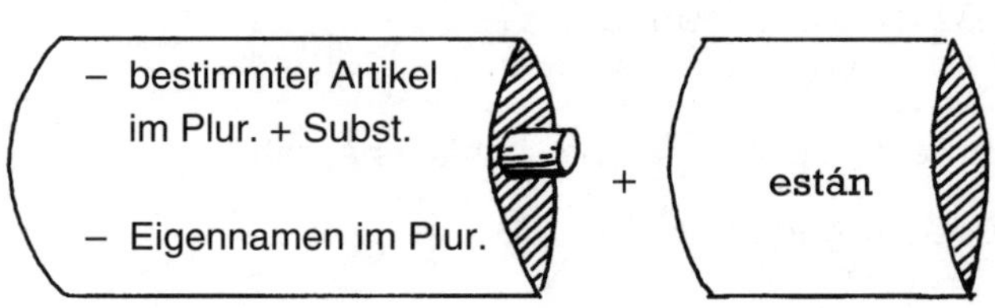

Los libros **están** en la estantería. *(Die Bücher sind im Regal.)*
Francisco y Yolanda **están** en la calle. *(Francisco und Yolanda sind auf der Straße.)*
Sevilla y Granada **están** en Andalucía. *(Sevilla und Granada sind in Andalusien.)*

2 Der Artikel (El artículo)

2.1 Der bestimmte Artikel (El artículo determinado)

2.1.1

	männlich	weiblich
Sing.	**el** libro *(das Buch)*	**la** casa *(das Haus)*
Plur.	**los** libros *(die Bücher)*	**las** casas *(die Häuser)*

⚠ Stehen die Präpositionen *a* oder *de* vor der männlichen Form *el*, so verschmilzt *el* mit diesen, also:

a + el → al

de + el → del

¿Vamos **al** cine esta noche? *(Gehen wir ins Kino heute abend?)*
Mira, ésa es la mujer **del** director. *(Schau mal, diese da ist die Frau des Direktors.)*

2.1.2 Gebrauch des bestimmten Artikels bei *señor/señora/señorita*

¿Está el señor Martínez? *(Ist Herr Martinez da?)*
Ésta es la señora López. *(Das ist Frau López.)*
Le presento a la señorita Molina. *(Ich stelle Ihnen Fräulein Molina vor.)*

aber: ¡Buenos días, señor Gómez!
¡Buenas tardes, señora Solina!

Wenn man von einer Person spricht und jemanden vorstellt, werden *señor, señora, señorita* mit dem bestimmten Artikel verwendet. Dieser entfällt jedoch bei der Anrede.

2.2 Der unbestimmte Artikel (El artículo indeterminado)

	männlich	weiblich
Sing.	**un** libro *(ein Buch)*	**una** casa *(ein Haus)*
Plur.	**unos** libros *(einige Bücher)*	**unas** casas *(einige Häuser)*

⚠ Bei den Pluralformen *unos/-as* handelt es sich um unbestimmte Mengenangaben (vgl. auf deutsch „einige, ein paar“):

He estado **unas** semanas en París. *(Ich bin ein paar Wochen in Paris gewesen.)*
Veo a **unos** niños. *(Ich sehe einige Kinder.)*

Wenn *unos/-as* zusammen mit Zahlwörtern gebraucht werden, geben sie eine ungefähre Anzahl an:

Cuesta **unas** mil pesetas. *(Es kostet ungefähr tausend Peseten.)*

3 Das Substantiv (El sustantivo)

3.1 Das Geschlecht

Anders als im Deutschen, wo man drei Geschlechter – männlich, weiblich und sächlich – unterscheidet, gibt es im Spanischen nur zwei: männlich und weiblich. Es existiert aber ein Neutrum *lo*, das vor substantivierten Adjektiven u. a. vorkommt, z. B. *lo imposible* (das Unmögliche).

3.1.1 Wörter auf -o und -a

In der Regel sind männlich die Wörter, die auf -o enden und weiblich die, die auf -a enden.

männlich	weiblich
el libr**o** *(das Buch)*	la mes**a** *(der Tisch)*
el curs**o** *(der Kurs)*	la cas**a** *(das Haus)*

3.1.2 Weitere männliche und weibliche Endungen

männlich	weiblich	männlich und weiblich	
el color *(die Farbe)*	la universidad *(die Universität)*	el coche *(das Auto)*	la carne *(das Fleisch)*
el paisaje *(die Landschaft)*	la canción *(das Lied)*		
el hospital *(das Krankenhaus)*	la profesión *(der Beruf)*	el periodista *(der Journalist)*	la periodista *(die Journalistin)*
	la posibilidad *(die Möglichkeit)*		
	la salud *(die Gesundheit)*		
-or, -aje, -l	-ad, -ción, -sión, -ud	-e, -ista	

3.1.3 Wichtige Ausnahmen

männlich		weiblich
el día *(der Tag)*	el sofá *(das Sofa)*	la radio *(das Radio)*
el mapa *(die Landkarte)*	el clima *(das Klima)*	la mano *(die Hand)*
el idioma *(die Sprache)*	el problema *(das Problem)*	la flor *(die Blume)*

⚠ Es gibt Substantive, die nur in der Pluralform existieren: *las vacaciones* (der Urlaub), *las gafas* (die Brille).

⚠ Im Spanischen gibt es Wörter, die im Singular und im Plural unterschiedliche Bedeutungen haben:

Sing.	Plur. 1. Bedeutung	Plur. 2. Bedeutung
el hermano *(der Bruder)*	los hermanos *(die Brüder)*	los hermanos *(die Geschwister)*
el padre *(der Vater)*	los padres *(die Väter)*	los padres *(die Eltern)*
el hijo *(der Sohn)*	los hijos *(die Söhne)*	los hijos *(die Kinder/Söhne und Töchter)*

3.1.4 Merken sollten Sie sich folgendes:

- La "B" y la "V" son muy similares en español.
  ("B" und "V" sind im Spanischen sehr ähnlich.)
  Die Buchstaben sind weiblich.
- El lunes es antes del martes.
  (Der Montag kommt vor dem Dienstag.)
  Wochentage sind männlich.
- El dos es mi número preferido.
  (Die zwei ist meine Lieblingszahl.)
  Die Zahlen sind männlich.
- La Alemania del Sur es similar a la España del Norte.
  (Süddeutschland ähnelt Nordspanien.)
  Länder- und Städtenamen auf -a sind weiblich, die übrigen männlich.

  Barcelona es preciosa. *(Barcelona ist sehr schön.)*

3.2 Der Plural

Sing.			Plur.
a, e, i, o, u	+	-s	
casa, médico, ... *(Haus, Arzt)*			casa**s**, médico**s** *(Häuser, Ärzte)*
á, é, ó	+	s	
café *(Café)*			café**s** *(Cafés)*
Konsonant	+	-es	
hospital, tren *(Krankenhaus, Zug)*			hospital**es**, tren**es** *(Krankenhäuser, Züge)*

Die meisten Substantive, die auf Vokal enden, bilden den Plural durch Anhängen von -s:

la casa – las casa**s**
(das Haus) *(die Häuser)*

el teléfono – los teléfono**s**
(das Telefon) *(die Telefone)*

Die meisten Substantive, die auf Konsonant enden, bilden den Plural auf -es. Hier ist auf Betonung und Akzent zu achten:

el autobús – los autobus**es**
(der Bus) *(die Busse)*

un alemán – los aleman**es**
(ein Deutscher) *(die Deutschen)*

⚠ Substantive, die auf -z enden, verlieren das -z und bilden den Plural auf -ces:

una vez *(einmal)*	–	dos ve**ces** *(zweimal)*	el pez *(der Fisch)*	–	los pe**ces** *(die Fische)*

Substantive, die auf -s nach unbetontem Vokal enden, bleiben im Plural unverändert:

el lunes *(der Montag)*	–	los lunes *(die Montage)*	el jueves *(der Donnerstag)*	–	los jueves *(die Donnerstage)*

4 Das Adjektiv (El adjetivo)

4.1 Das Geschlecht

männlich	weiblich	männlich und weiblich		
un profesor chilen**o** *(ein chilenischer Lehrer)*	una profesora chilen**a** *(eine chilenische Lehrerin)*	la falda verd**e** *(der grüne Rock)*	–	el vestido verd**e** *(das grüne Kleid)*
el niño vasc**o** *(der baskische Junge)*	la niña vasc**a** *(das baskische Mädchen)*	la falda azu**l** *(der blaue Rock)*	–	el vestido azu**l** *(das blaue Kleid)*
-o	-a	-e / – Konsonant		

- In der Regel ist ein Adjektiv auf -o männlich und eins auf -a weiblich.
  Das Adjektiv richtet sich in Geschlecht und Zahl nach dem Substantiv.
- Auf Konsonant endende Nationalitätsadjektive bilden die weibliche Form durch Anhängen von -a:

  francés – frances**a**, alemán – aleman**a**, español – español**a**.
- Auf -a oder -ense endende Nationalitätsadjektive sind im Maskulinum und Femininum gleich:

  el político belg**a** – la política belg**a**
  el escritor nicaragü**ense** – la escritora nicaragü**ense**
- Die meisten Adjektive, die auf -e oder Konsonant enden, sind im Maskulinum und Femininum gleich:

la ciudad grand**e** *(die große Stadt)*	–	el perro grand**e** *(der große Hund)*
la fiesta anua**l** *(das jährliche Fest)*	–	el informe anua**l** *(der jährliche Bericht)*

4.2 Der Plural

Sing.			Plur.
Vokal	+	-s	
verde, rojo *(grün, rot)*			verde**s**, rojo**s**
Konsonant	+	-es	
(internacional, azul *(international, blau)*			internacional**es**, azul**es**

In der Regel bilden die Adjektive den Plural wie die Substantive: Adjektive, die auf Vokal enden, bekommen im Plural -s; Adjektive, die auf Konsonant enden, bekommen im Plural -es.
Die Adjektive, die auf -z enden, verlieren das -z und bilden den Plural auf -ces: feliz *(glücklich)* – feli**ces**

4.3 Die Veränderlichkeit des Adjektivs

Adjektiv und Substantiv stimmen in Geschlecht und Zahl immer überein:

Mi amigo es simpátic**o**.
(Mein Freund ist sympathisch.)
Mis amigos son simpátic**os**.
(Meine Freunde sind sympathisch.)

Mi amiga es simpátic**a**.
(Meine Freundin ist sympathisch.)
Mis amigas son simpátic**as**.
(Meine Freundinnen sind sympathisch.)

⚠ Bitte achten Sie auf die Adjektive, die im Maskulinum und Femininum gleich sind:

Me he comprado la camisa verd**e**. *(Ich habe mir das grüne Hemd gekauft.)*
El pantalón verd**e** me gusta mucho. *(Die grüne Hose gefällt mir sehr.)*
Las botas verd**es** son bonit**as**. *(Die grünen Stiefel sind schön.)*
Los vaqueros verd**es** no me gustan. *(Die grünen Jeans gefallen mir nicht.)*

4.4 Die Stellung des Adjektivs

Spanisch

una	casa	bonita
el	hombre	alto

Deutsch

ein	schönes	Haus
der	große	Mann

Im Spanischen steht das Adjektiv normalerweise nach dem Substantiv.
Man kann manche auch voranstellen; sie erhalten dann oft eine andere – meist übertragene – Bedeutung:

un hombre grande – un gran hombre
(ein großer Mann – ein großartiger Mann)

Hace buen tiempo. – El tiempo es bueno.
(Das Wetter ist schön.)

grande, bueno und *malo* werden bei Voranstellung zu *gran, buen* und *mal* verkürzt.

4.5 Der Vergleich (El comparativo)

+	La blusa es **más** cara **que** la falda. *(Die Bluse ist teurer als der Rock.)*	más ... que	*(mehr ... als)*
=	La camisa es **tan** cara **como** el jersey. *(Das Hemd ist so teuer wie der Pullover.)*	tan ... como	*(so ... wie)*
–	El jersey es **menos** caro **que** la camisa. *(Der Pullover ist weniger teuer als das Hemd.)* La camisa **no** es **tan** cara **como** el jersey. *(Das Hemd ist nicht so teuer wie der Pullover.)*	menos ... que no ... tan ... como	*(weniger ... als)* *(nicht so ... wie)*

bueno/-a → **mejor** *(besser)*
malo/-a → **peor** *(schlechter)*

Grande und *pequeño/-a* haben außerdem die Sonderformen *mayor* und *menor*, die – beim Bezug auf Personen – „älter" bzw. „jünger" bedeuten.

5 Die Verneinung (La negación)

5.1 *no*

No steht in der Regel vor dem Verb:

No tengo hambre. *(Ich habe keinen Hunger.)*
No puedo ir al cine. *(Ich kann nicht ins Kino gehen.)*

Wenn im Satz auch Personalpronomen oder Reflexivpronomen vorkommen, steht *no* vor dem Pronomen:

Carlos **no** *se* ha levantado a las siete. *(Carlos ist nicht um sieben aufgestanden.)*
No *te lo* quiero contar. *(Ich will es dir nicht erzählen.)*

Das spanische *no* entspricht dem deutschen „nicht", „kein" oder „nein":

¿Tienes sueño? – No, **no** tengo sueño. *(Bist du müde? – Nein, ich bin nicht müde.)*
No tengo ganas de ir al cine. *(Ich habe keine Lust, ins Kino zu gehen.)*
¿Ha visto a Piedad? – **No.** *(Haben Sie Piedad gesehen? – Nein.)*

5.2 *nada, nadie, ningun(o), nunca, tampoco*

Die Verneinung mit *no* ist notwendig, wenn die Wörter *nada, nadie, ninguno, nunca* oder *tampoco* hinter dem Verb stehen:

No he visto **nada**. *(Ich habe nichts gesehen.)*
No ha venido **nadie**. *(Es ist niemand gekommen.)*
No tengo **ningún** libro. *(Ich habe kein Buch.)*
No he estado **nunca** en Madrid. *(Ich bin nie in Madrid gewesen.)*
¡Qué feo es este cuadro! – A mí **no** me gusta **tampoco**. *(Wie hässlich ist dieses Bild! – Mir gefällt es auch nicht.)*

Wenn sie aber vor dem Verb stehen, fällt das *no* weg:

Nada he visto. *(Nichts habe ich gesehen.)*
Nadie ha venido. *(Niemand ist gekommen.)*
Ninguno de ellos lo sabe. *(Keiner von ihnen weiß es.)*
Nunca he estado en Madrid. *(Niemals bin ich in Madrid gewesen.)*
¡Qué aburrida es esta novela! – A mí **tampoco** me gusta. *(Wie langweilig ist dieser Roman! – Auch mir gefällt er nicht.)*

In der Regel wird die Form *no … nada, no … nadie*, usw. bevorzugt.

5.3 *no … ni … ni …*

No conozco **ni** a José **ni** a Rosario. *(Ich kenne weder José noch Rosario.)*
No me gusta **ni** el tenis **ni** el fútbol. *(Ich mag weder Tennis noch Fußball.)*

5.4 *aún no …, todavía no …*

Aún no he ido a México. *(Ich bin noch nicht in Mexiko gewesen.)*
Todavía no he comido. *(Ich habe noch nicht gegessen.)*

Aún no und *todavía no* stehen in der Regel vor dem Verb. Bei *todavía no* wird aber auch eine zweite Form sehr oft verwendet: *no … todavía:*

***No** he comido **todavía**.*

5.5 *ya no*

Ya no tengo dinero. *(Ich habe kein Geld mehr.)*
Ya no hace frío. *(Es ist nicht mehr kalt.)*

6 Die Zeitangaben (Los marcadores temporales)

6.1 Übersicht

Vergangenheit	Gegenwart	Zukunft
antes *(vorher)*	**ahora** *(jetzt)*	**después** *(nachhher)*
ayer *(gestern)*	**hoy** *(heute)*	**mañana** *(morgen)*
el año pasado *(voriges Jahr)* **el mes pasado** *(vorigen Monat)* **la semana pasada** *(vorige Woche)*	**esta mañana** *(heute Morgen)* **esta tarde** *(heute Nachmittag)* **este año** *(dieses Jahr)* **este mes** *(diesen Monat)*	**la semana que viene** *(nächste Woche)* **el mes que viene** *(nächsten Monat)* **el año que viene** *(nächstes Jahr)* **la próxima semana** *(nächste Woche)* **el próximo mes** *(nächsten Monat)*

– ¿Quién quiere comer **ahora**? (*Wer will jetzt essen?)*
– Yo he comido **antes**. *(Ich habe vorhin gegessen.)*
– Yo voy a comer **después**. *(Ich werde nachher essen.)*

El mes pasado estuve en Egipto. *(Letzten Monat war ich in Ägypten.)*
La semana que viene voy a ir a Toledo. *(Nächste Woche fahre ich nach Toledo.)*

6.2 *antes de / después de* + Infinitiv

Antes de cenar he estudiado. *(Vor dem Abendessen habe ich gelernt.)*
Después de comer iré a la escuela. *(Nach dem Mittagessen gehe ich in die Schule.)*
Después de ir a clase voy a leer el periódico. *(Nach dem Unterricht / Nachdem ich in den Unterricht gegangen bin, werde ich die Zeitung lesen.)*

6.3 *ya / todavía no, aún no*

Ya he comido. *(Ich habe schon gegessen.)*

Todavía no he hablado con Esther. *(Ich habe noch nicht mit Esther gesprochen.)*

6.4 *hace – desde hace*

<u>hace ... = „vor" (Zeitpunkt)</u>
Llegué a Madrid **hace** dos años.
(Ich kam vor zwei Jahren in Madrid an.)

<u>desde hace ... = „seit" (Dauer)</u>
Vivo en Madrid **desde hace** dos años.
(Ich wohne seit zwei Jahren in Madrid.)

6.5 Weitere Angaben

Me levanto **a las siete**. *(Ich stehe um sieben Uhr auf.)*
Son las diez de la mañana. *(Es ist zehn Uhr vormittags.)*
Volveré **sobre las cinco**. *(Ich komme gegen fünf Uhr zurück.)*
Por la mañana trabajo hasta las tres. *(Vormittags arbeite ich bis drei Uhr.)*

⇨ Weitere Angaben s. auch unter 10, Präpositionen.

7 Die Häufigkeitsangaben (La expresión de la frecuencia)

7.1

¿Cómo vas al trabajo? – **Normalmente** en autobús. *(Normalerweise mit dem Bus.)*
– Yo voy **siempre** en metro.
– Yo **siempre** voy en metro. *(Ich fahre immer mit der U-Bahn.)*
– Yo voy en metro **siempre**.

+	**siempre**	*(immer)*
	casi siempre	*(fast immer)*
	normalmente, generalmente	*(normalerweise)*
	a menudo	*(oft)*
	a veces	*(manchmal)*
	casi nunca (no … casi nunca)	*(fast nie)*
–	**nunca (no … nunca)**	*(nie)*

7.2

todos los días	*(jeden Tag)*
todos los meses	*(jeden Monat)*
todas las semanas	*(jede Woche)*

cada	**semana**	*(jede Woche)*
	mes	*(jeden Monat)*
	año	*(jedes Jahr)*

una vez **dos veces**	**al día / a la semana / al mes / al año** *(einmal am Tag / in der Woche / im Monat / im Jahr)*
una vez	**por semana / por mes** *(einmal pro Woche / pro Monat)*
una vez	**cada semana / cada año** *(einmal in der Woche / im Jahr)*
una vez	**cada tres días** *(alle drei Tage)* **cada dos meses** *(alle zwei Monate)*

La señora Alonso tiene que ir al médico **todas las semanas.**
(Frau Alonso muss jede Woche zum Arzt gehen.)
¿Con qué frecuencia juega al fútbol? – **Dos veces al mes.**
(Wie oft spielen Sie Fußball? – Zweimal im Monat.)
¿Estás enfermo a menudo? – No, no. **Una vez al año.**
(Bist du oft krank? – Nein, nein. Einmal im Jahr.)
Vamos de camping casi **todos los fines de semana**.
(Wir machen fast jedes Wochenende Camping.)
Normalmente visita a su madre **cada año.**
(Normalerweise besucht er seine Mutter einmal im Jahr.)

8 Die Ortsangaben (Los complementos de lugar)

8.1 Adverbien

cerca		*(in der Nähe von)*
lejos		*(weit von)*
delante		*(vor)*
detrás	+ **de** + Artikel + Substantiv	*(hinter)*
encima		*(über / auf)*
debajo		*(hinter)*
enfrente		*(gegenüber)*

Mi casa está **cerca de** la estación. *(Meine Wohnung ist in der Nähe vom Bahnhof.)*
Detrás de la puerta hay una estantería. *(Hinter der Tür ist ein Bücherregal.)*
La radio está **encima de** la mesa. *(Das Radio ist auf dem Tisch.)*
Yo vivo **enfrente del** supermercado. *(Ich wohne gegenüber dem Supermarkt.)*

Alle diese Adverbien können auch ohne *de* + Substantiv stehen:

La universidad no está **lejos**. *(Die Universität ist nicht weit.)*
Voy a poner los libros **debajo** y las revistas **encima**. *(Ich werde die Bücher unten und die Zeitschriften oben hinlegen.)*
¡Ponte **detrás**! *(Stell dich hinten an!)*

8.2 *aquí, allí*

El lápiz no está **aquí**. *(Der Bleistift ist nicht hier.)*
Tu bolso está **allí**. *(Deine Tasche ist dort.)*

8.3 Adverbiale Ausdrücke

al lado		*(neben)*
al final	+ **de** + Substantiv	*(am Ende)*
a la derecha		*(rechts)*
a la izquierda		*(links)*

A la derecha del parque hay un museo. *(Rechts vom Park gibt es ein Museum.)*
Mi casa está **al lado de** la farmacia. *(Meine Wohnung ist neben der Apotheke.)*

Junto a hat die gleiche Bedeutung wie *al lado de:*

La farmacia está **junto al** restaurante. / La farmacia está **al lado del** restaurante. *(Die Apotheke ist neben dem Restaurant.)*

Diese adverbialen Ausdrücke können auch ohne *de* stehen:

¡Gira **a la derecha**! *(Biege nach rechts ab!)*
Siga por esta calle y **al final** verá una plaza. *(Gehen Sie diese Straße entlang, und am Ende werden Sie einen Platz sehen.)*

8.4 *al norte de, al sur de, al este de, al oeste de*

España está **al norte** de Marruecos. *(Spanien ist nördlich von Marokko.)*
Aber: Barcelona está **en** el norte de España. *(Barcelona ist in Nordspanien.)*
(Vgl. 10.3.)

8.5 Weitere Angaben

Voy **al** cine. *(Ich gehe ins Kino.)*
Soy **de** Berlín. *(Ich komme aus Berlin.)*
El cuaderno está **sobre** la mesa. *(Das Heft liegt auf dem Tisch.)*
La carta está **entre** los libros. *(Der Brief ist zwischen den Büchern.)*
La televisión está **en** el salón. *(Der Fernseher steht im Wohnzimmer.)*
(Vgl. 10)

9 Die Mengenangaben (La expresión de la cantidad)

9.1

muy *(sehr)* **bastante** *(ziemlich)*	+ Adjektiv/Adverb

Verb +	**mucho** *(sehr)* **bastante** *(ziemlich)* **poco** *(wenig)* **nada** *(nichts)*

- *Muy* kann nur mit einem Adjektiv oder einem Adverb auftreten, *mucho* nur mit einem Verb:

Esta camisa es **muy** bonita. *(Dieses Hemd ist sehr schön.)*
Este libro está **muy** bien escrito. *(Dieses Buch ist sehr gut geschrieben.)*
Esta camisa me gusta **mucho**. *(Dieses Hemd gefällt mir sehr.)*

- *Bastante* kann mit einem Adjektiv, einem Adverb oder einem Verb stehen.

La película es **bastante** divertida. *(Der Film ist ganz lustig.)*
Hoy he jugado **bastante** mal. *(Heute habe ich ziemlich schlecht gespielt.)*
El viaje cuesta **bastante.** *(Die Reise kostet ziemlich viel.)*

- *Poco* und *nada* stehen in der Regel mit einem Verb:

Arturo trabaja **poco**. *(Arturo arbeitet wenig.)*
A mí la comida japonesa no me gusta **nada**. *(Mir schmeckt das japanische Essen nicht.)*

9.2 Maße und Gewichte

1 l	=	un litro de	1/2 kg	=	medio kilo de
1/2 l	=	medio litro de	1/4 kg	=	un cuarto de kilo de
1 kg	=	un kilo de	100 gr	=	cien gramos de

Quería **un litro de** leche. *(Ich möchte einen Liter Milch.)*
Quería **medio kilo de** jamón. *(Ich möchte ein Pfund Schinken.)*

Diese Angaben können auch ohne *de* + Substantiv stehen:

¿Cuánto quiere? – **Un kilo.** *(Wie viel möchten Sie? – Ein Kilo.)*

9.3 Weitere Ausdrücke

¿**Algo más**? *(Noch etwas?)*
Quería **un poco de** carne. *(Ich möchte etwas Fleisch.)*
Quería **un poco más de** arroz. *(Ich möchte etwas mehr Reis.)*
Nada más. *(Das ist alles.)*

10 Die Präpositionen (Las preposiciones)

10.1 *a*

- ***a* bei Zeitangaben**

Als Zeitangabe entspricht *a* dem deutschen „um“:

A las ocho abren las tiendas. *(Um acht Uhr machen die Geschäfte auf.)*

Die Präposition *a* kann auch Teil eines adverbialen Ausdrucks sein, der auf die Frage „wie oft“ antwortet:

Voy al cine dos veces **a** la semana. *(Ich gehe zweimal in der Woche ins Kino.)* (Vgl. 7.)

- ***a* als Richtungs- und Ortsangabe**

Als Richtungsangabe leitet *a* eine Antwort auf die Frage „wohin“ ein:

Voy **al** cine. *(Ich gehe ins Kino.)*
Voy **a** casa. *(Ich gehe nach Hause.)*
Voy **al** banco. *(Ich gehe zur Bank.)*

A kann auch Teil von präpositionalen Ausdrücken sein, die auf die Frage „wo“ antworten:

Mi casa está **a la derecha del** parque. *(Meine Wohnung liegt rechts vom Park.)*
Argentina está **al este de** Chile. *(Argentinien liegt östlich von Chile.)* (Vgl. 8.3 und 8.4.)

Bitte beachten Sie: *a* + *el* = *al.* (Vgl. 2.1.1.)

- ***a* als Einleitung eines Objekts**

– Indirektes Objekt:

Compro un regalo **a** Pedro. *(Ich kaufe Pedro ein Geschenk.)*
Regaló un cuadro **a la** escuela. *(Er schenkte der Schule ein Bild.)*

Das indirekte Objekt („wem?“) steht immer mit *a*.

– Direktes Objekt:

Veo la casa. *(Ich sehe das Haus.)*
Conozco **a** Pedro. *(Ich kenne Pedro.)*

¡QUIERO A MARÍA!

Das direkte Objekt („wen oder was?“) steht bei Sachen meistens ohne Präposition, bei Personen aber immer mit *a*!

- ***a los* + Alter**

Empezó a trabajar **a los** treinta años. *(Er begann mit 30 Jahren zu arbeiten.)*

10.2 *de*

- ***de* bei Zeitangaben**

De wird im Zusammenhang mit der Uhrzeit gebraucht, um die Tageszeit auszudrücken:

Son las cinco **de** la tarde. *(Es ist fünf Uhr abends.)*

De dient auch zur Bildung eines Datums:

Se casó el 20 **de** abril **de** 1980. *(Sie heiratete am 20. April 1980.)*

Zusammen mit bestimmten Adverbien bildet die Präposition *de* adverbiale Angaben, die auf die Frage „wann“ antworten:

Antes de la comida voy a leer el periódico. *(Vor dem Essen werde ich die Zeitung lesen.)* (Vgl. 6.1.)

- ***de* als Ortsangabe**

De leitet die Angabe einer Herkunft ein:

El vino es **de** España. *(Der Wein kommt aus Spanien.)*
Soy **de** Berlín. *(Ich komme aus Berlin.)*

Auch mit *de* können adverbiale Angaben gebildet werden, die auf die Frage „wo“ antworten:

Yo vivo **enfrente de la** escuela. *(Ich wohne gegenüber der Schule.)* (Vgl. 8.)

Bitte beachten Sie: *de* + *el* = *del.* (Vgl. 2.1.1.)

10.3 *de... a... / desde... hasta...*

Toco la guitarra **de** siete **a** ocho. / Toco la guitarra **desde** las siete **hasta** las ocho. *(Ich spiele Guitarre von sieben bis acht.)*

Este tren va **de** Madrid **a** Sevilla. *(Dieser Zug fährt von Madrid nach Sevilla.)*
Lleva coche comedor **desde** Madrid **hasta** Córdoba. *(Er führt Speisewagen von Madrid bis Cordoba.)*

10.4 *desde hace...*

Estoy de vacaciones **desde hace** una semana. *(Ich bin seit einer Woche in Urlaub.)*

- ***de* zur Angabe der Beschaffenheit**

Mit der Präposition *de* wird auch angegeben, aus welchem Material eine Sache besteht:

Esta camisa es **de** algodón. *(Dieses Hemd ist aus Baumwolle.)*

10.5 *en*

- ***en* bei Zeitangaben**

En Semana Santa vamos siempre de vacaciones. *(In der Karwoche fahren wir immer in Urlaub.)*
En junio voy a estudiar francés. *(Im Juni werde ich Französisch lernen.)*
En 1993 estuve en Chile. *(1993 war ich in Chile.)*

- ***en* bei Ortsangaben**

La mesa está **en** el salón. *(Der Tisch steht im Wohnzimmer.)*
Iquique está **en** el norte de Chile. *(Iquique ist im Norden Chiles.)*

Auch kann die Präposition *en* die Bedeutung von „auf“ haben:

El diccionario está **en** la mesa. *(Das Wörterbuch liegt auf dem Tisch.)*

10.6 *entre*

La postal está **entre** los libros. *(Die Postkarte ist zwischen den Büchern.)*

Entre... y...
La mesa está **entre** el sofá **y** la estantería. *(Der Tisch steht zwischen dem Sofa und dem Regal.)*
Iré a tu casa **entre** las tres **y** las cuatro. *(Ich werde zwischen drei und vier zu dir gehen.)*

10.7 *hacia*

Comeremos **hacia** las seis. *(Wir werden gegen sechs Uhr essen.)*

10.8 *hasta*

Trabajo **hasta** las tres. *(Ich arbeite bis drei Uhr.)*
Hasta Praga hay 580 kilómetros. *(Bis Prag sind es 580 km.)*

10.9 *para*

- ***para* zur Bezeichnung einer Person oder Sache, für die etwas bestimmt ist**

Este regalo es **para** ti. *(Dieses Geschenk ist für dich.)*
Este reloj es **para** la cocina. *(Diese Uhr ist für die Küche.)*

- ***para* + Infinitiv: um ... zu ...**

¿Qué hay que hacer **para** ir a China? *(Was muss man machen, um nach China zu fahren?)*

10.10 *por*

- ***por* zur Angabe der Tageszeiten**

Por la mañana / la tarde / la noche *(am Vormittag / am Nachmittag / in der Nacht)*
Por la tarde he estado en casa. *(Nachmittags bin ich zu Hause gewesen.)*

- ***por* zur Angabe des Grundes**

Lo hago **por** ti. *(Ich tue es deinetwegen.)*

- ***por* zur Angabe des Mittels**

Hicimos todo el viaje **por** carretera. *(Wir machten die ganze Reise auf der Landstraße.)*

10.11 *según*

Según Carmelo mañana lloverá. *(Carmelos Meinung nach wird es morgen regnen.)*
Según el informe médico el enfermo se encuentra bien. *(Dem medizinischen Bericht zufolge geht es dem Kranken gut.)*

10.12 *sin*

He venido **sin** dinero. *(Ich bin ohne Geld gekommen.)*

10.13 *sobre*

- ***sobre* zur ungefähren Zeitangabe**

Llegaré **sobre** las cinco. *(Ich komme gegen fünf Uhr an.)*

- ***sobre* bei Ortsangabe**

Örtlich bedeutet *sobre* sowohl „über“ als auch „auf“:

El pantalón está **sobre** la silla. *(Die Hose liegt auf dem Stuhl.)*
El cuadro está **sobre** la cama. *(Das Bild hängt über dem Bett.)*

11 Die Personalpronomen (Los pronombres personales)

11.1 Als Subjektpronomen

Singular		
1.	**yo**	*(ich)*
2.	**tú**	*(du)*
3.	**él**	*(er)*
	ella	*(sie)*
	usted	*(Sie)*
Plural		
1.	**nosotros**	*(wir [männl.])*
	nosotras	*(wir [weibl.])*
2.	**vosotros**	*(ihr [männl.])*
	vosotras	*(ihr [weibl.])*
3.	**ellos**	*(sie [männl.])*
	ellas	*(sie [weibl.])*
	ustedes	*(Sie)*

Vamos al cine. *(Wir gehen ins Kino.)*

Die Subjektpronomen sind im Spanischen betonte Pronomen, und sie werden nur dann verwendet, wenn die entsprechende Person hervorgehoben werden soll:

Él se llama Carlos, y **ella** se llama Rita.
(Er heißt Carlos, und sie Rita.)

oder wenn sie allein stehen:

¿Trabajáis en este bar? – **Yo**, sí. *(Arbeitet ihr in der Bar? – Ich, ja.)*

Usted und *ustedes* (Anredeformen der Höflichkeit) werden mit den Formen der dritten Person verwendet. Anders als im Deutschen gibt es im Spanischen Singular und Plural.
Für *usted, ustedes* gibt es die Abkürzungen *Vd., Vds., Ud., Uds.*
In Lateinamerika benutzt man beim Duzen *vos* anstatt *tú* und *ustedes* anstatt vosotros (insbesondere in Argentinien, Uruguay und Chile).

11.2 Als Objektpronomen

Es gibt im Spanischen unbetonte und betonte Objektpronomen. Die unbetonten stehen immer zusammen mit einem Verb. Sie können durch ein weiteres, betontes Pronomen hervorgehoben werden. Die betonten Pronomen stehen nach einer Präposition. Bei den unbetonten Objektpronomen unterscheidet man zwischen den direkten und den indirekten Objektpronomen.

11.2.1 Die direkten Objektpronomen

Singular		
1.	**me**	*(mich)*
2.	**te**	*(dich)*
3.	**lo**	*(ihn/es)*
	la	*(sie/es)*
	lo/la	*(Sie)*
Plural		
1.	**nos**	*(uns)*
2.	**os**	*(euch)*
3.	**los**	*(sie [männl.])*
	las	*(sie [weibl.])*
	los/las	*(Sie)*

¿**Te** ha llamado? *(Hat er dich angerufen?)*

¿Dónde está la niña? No **la** veo.
(Wo ist die Kleine? Ich sehe sie nicht.)

Pablo **nos** invita a cenar. *(Pablo lädt uns zum Essen ein.)*

¿Conoces los Pirineos? Sí, **los** conozco.
(Kennst du die Pyrenäen? – Ja, ich kenne sie.)

In der 3. Person Singular und Plural werden bei Personen – nicht bei Sachen – sowohl *lo/los* als auch *le/les* verwendet.

11.2.2 Die indirekten Objektpronomen

Singular		
1.	**me**	*(mir)*
2.	**te**	*(dir)*
3.	**le**	*(ihm)*
		(ihr)
		(Ihnen)
Plural		
1.	**nos**	*(uns)*
2.	**os**	*(euch)*
3.	**les**	*(ihnen)*
		(Ihnen)

¿**Me** das un cigarrillo?
(Gibst du mir eine Zigarette?)

Aurora quiere regalar**le** un libro.
(Aurora möchte ihm/ihr ein Buch schenken.)

Nos ha comprado un televisor.
(Er/Sie hat uns einen Fernseher gekauft.)

Escríbe**les** una postal.
(Schreib ihnen eine Postkarte.)

11.2.3 Stellung der unbetonten Objektpronomen

- Das unbetonte Objektpronomen steht

  – vor dem konjugierten Verb:

  Lo conozco. *(Ich kenne ihn.)*
  No **las** hemos visto. *(Wir haben sie nicht gesehen.)*
  ¿**Me** dejas tu bolígrafo? *(Leihst du mir deinen Kuli?)*

  – nach einem Imperativ:

  ¿Puedo abrir la ventana? – Sí, sí, ábre**la**.
  (Kann ich das Fenster öffnen? – Ja, ja, öffne es.)
  Cómpre**le** un reloj. *(Kauf ihr eine Uhr.)*

  – bei Modalverb + Infinitiv oder beim Gerundium: entweder vor das konjugierte Verb gestellt oder an das Gerundium oder den Infinitiv angehängt:

  La voy a comprar. / Voy a comprar**la**. *(Ich werde sie kaufen.)*
  ¿**Les** estás escribiéndo una postal? / Estás escribiendo**les** una postal?
  (Schreibst du ihnen eine Karte?)

  Achten Sie auf den Akzent!

- Zwei unbetonte Objektpronomen im gleichen Satz

  – Das indirekte Objektpronomen steht, anders als im Deutschen, vor dem direkten Objektpronomen:

  Me la compro. *(Ich kaufe sie mir.)*
  ¿**Te lo** ha explicado Arturo? *(Hat Arturo es dir erklärt?)*

  – Bei Modalverb + Infinitiv und beim Imperativ werden beide Objektpronomen angehängt, auch hier das indirekte vor dem direkten Objektpronomen:

  No quiere decír**oslo**. *(Sie will es euch nicht sagen.)*
  ¡Déja**melos**! *(Leih sie mir!)*

  Auch hier müssen Sie auf den Akzent achten!

- *se* statt *le/les*

Stehen zwei Objektpronomen der 3. Person im gleichen Satz, so wird das indirekte Objektpronomen *le* bzw. *les* zu *se*:

– *le lo* → *se lo:*

¿Le vas a vender tu coche? – Sí, **se lo** vendo.
(Verkaufst du dein Auto? – Ja, ich verkaufe es ihm.)

– *les las* → *se las:*

Neus compró unas flores a sus padres y **se las** envió.
(Neus kaufte ihren Eltern ein paar Blumen und schickte sie ihnen.)

11.2.4 Die betonten Objektpronomen

	mí
	ti
a	**él**
de	**ella**
para	**usted**
por	**nosotros/-as**
...	**vosotros/-as**
	ellos/-as
	ustedes

Die betonten Objektpronomen stehen nach Präpositionen. Sie sind also indirekte Objektpronomen.

A **mí** me gusta jugar al tenis. *(Mir gefällt Tennisspielen.)*
Esto es para **ti**. *(Das ist für dich.)*
Estamos hablando de **vosotros**. *(Wir sprechen gerade über euch.)*

Die Pronomen *mi* und *ti* nehmen eine besondere Form an, wenn sie mit der Präposition *con* gebraucht werden:

¿Quieres venir **conmigo** al cine? *(Willst du mit mir ins Kino gehen?)*
Sí, claro, voy **contigo**. *(Natürlich gehe ich mit (dir).)*

Aber: con él, con ella, con usted, con nosotros, usw.

11.2.5 Wiederholung des Objektpronomens im gleichen Satz

Wenn ein direktes oder indirektes Objekt oder Objektpronomen am Satzanfang steht – und dadurch hervorgehoben wird –, so muß es durch das entsprechende unbetonte Objektpronomen wiederholt werden:

– Direktes Objekt am Satzanfang:

La cena **la** prepara Pedro. *(Pedro macht das Abendessen.)*

– Indirektes Objekt am Satzanfang:

A Carlos **le** gusta el fútbol. *(Carlos mag Fußball.)*
oder *A él* **le** gusta el fútbol. *(Ihm gefällt Fußball.)*
A mis padres **les** mandé una carta. *(Meinen Eltern schrieb ich einen Brief.)*
oder *A éllos* **les** mandé una carta. *(Ihnen schrieb ich einen Brief.)*

11.3 Als Reflexivpronomen

Singular		
1.	**me**	*(mich)*
2.	**te**	*(dich)*
3.	**se**	*(sich)*
Plural		
1.	**nos**	*(uns)*
2.	**os**	*(euch)*
3.	**se**	*(sich)*

Me ducho dos veces al día.
(Ich dusche mich zweimal am Tag.)

¿**Os** levantáis siempre a las seis?
(Steht ihr immer um sechs auf?)

Stellung der Reflexivpronomen:

- vor dem konjugierten Verb:

  Me levanto siempre a las seis. *(Ich stehe immer um sechs Uhr auf.)*

- nach dem Imperativ:

  ¡ Levánta**te**! *(Steh auf!)*

- bei einem Modalverb + Infinitiv oder beim Gerundium: entweder vor dem konjugierten Verb oder an den Infinitiv bzw. das Gerundium angehängt:

  Me quiero levantar pronto. / Quiero levantar**me** pronto. *(Ich möchte früh aufstehen.)*
  Me estoy duchando. / Estoy duchándo**me**. *(Ich dusche mich gerade.)*

Achten Sie bitte immer auf den Akzent!
Vgl. auch Kap. 1. 9, Reflexive Verben

12 Die Possessivpronomen (Los pronombres posesivos)

- ein „Besitzgegenstand"

männlich	weiblich
mi hermano *(mein Bruder)*	**mi** hermana *(meine Schwester)*
tu hermano *(dein Bruder)*	**tu** hermana *(deine Schwester)*
su hermano *(sein/ihr/Ihr Bruder)*	**su** hermana *(seine/ihre/Ihre Schwester)*
nuestro hermano *(unser Bruder)*	**nuestra** hermana *(unsere Schwester)*
vuestro hermano *(euer Bruder)*	**vuestra** hermana *(eure Schwester)*
su hermano *(ihr/Ihr Bruder)*	**su** hermana *(ihre/Ihre Schwester)*

- mehrere „Besitzgegenstände“

männlich	weiblich
mis hermanos *(meine Brüder)*	**mis** hermanas *(meine Schwestern)*
tus hermanos *(deine Brüder)*	**tus** hermanas *(deine Schwestern)*
sus hermanos *(seine/ihre/Ihre Brüder)*	**sus** hermanas *(seine/ihre/Ihre Schwestern)*
nuestros hermanos *(unsere Brüder)*	**nuestras** hermanas *(unsere Schwestern)*
vuestros hermanos *(eure Brüder)*	**vuestras** hermanas *(eure Schwestern)*
sus hermanos *(ihre/Ihre Brüder)*	**sus** hermanas *(ihre/Ihre Schwestern)*

Die Possessivpronomen geben die Zugehörigkeit an. Sie stimmen im Geschlecht und Zahl mit dem „Besitzgegenstand“ überein:

Nuestros amigos son simpáticos. *(Unsere Freunde sind sympathisch.)*
Mi madre se llama Azucena. *(Meine Mutter heißt Azucena.)*

⚠ Das Possessivpronomen für die dritte Person ist immer gleich, egal ob der „Besitzer“ männlich oder weiblich ist. Es gilt auch für die Höflichkeitsform „Sie“:

¿El bolígrafo es de Sonia? – Sí, es **su** bolígrafo. *(Der Kuli gehört Sonia? – Ja, es ist ihr Kuli.)*
*¿El bolígrafo es de Abel? – Sí, es **su** bolígrafo.* (Der Kuli gehört Abel? – Ja, es ist sein Kuli.)
¿El bolígrafo es del señor Ramírez? – Sí, es **su** *bolígrafo. (Der Kuli gehört Herrn Ramírez? – Ja, es ist sein Kuli.)*
¿Es éste **su** bolígrafo, señor Ramírez? *(Ist dies Ihr Kuli, Herr Ramírez?)*

13 Die Demonstrativpronomen (Los pronombres demostrativos)

Die Demonstrativpronomen bezeichnen bestimmte Gegenstände oder Personen, die mehr oder weniger weit vom Sprechenden entfernt sind: *este* wird für Objekte in der unmittelbaren Nähe verwendet, *ese* für weiter entfernte.

Wenn die Demonstrativpronomen ein Substantiv begleiten, stehen sie vor dem Substantiv und tragen keinen Akzent:

	männlich		weiblich	
Sing.	**este** libro *(dieses Buch hier)*	**ese** coche *(dieses Auto da)*	**esta** mesa *(dieser Tisch hier)*	**esa** lámpara *(diese Lampe da)*
Plur.	**estos** libros *(diese Bücher hier)*	**esos** coches *(diese Autos da)*	**estas** mesas *(diese Tische hier)*	**esas** lámparas *(diese Lampen da)*

Este chico es mi amigo. *(Dieser Junge hier ist ein Freund von mir.)*
Esa casa me gusta. *(Dieses Haus da gefällt mir.)*

Die Demonstrativpronomen können aber auch ein Substantiv vertreten, also allein stehen; in diesem Fall werden sie mit Akzent geschrieben:

	männlich		weiblich	
Sing.	**éste**	**ése**	**ésta**	**ésa**
Plur.	**éstos**	**ésos**	**éstas**	**ésas**

El libro que yo quiero es **éste**. *(Das Buch, das ich will, ist dieses hier.)*
El pantalón que me he comprado es como **ése**. *(Die Hose, die ich mir gekauft habe, ist wie diese da.)*

- Es gibt auch ein sächliches Demonstrativpronomen:

  Todo **esto** no me gusta. *(Das alles gefällt mir nicht.)*

  Esto bezieht sich auf Sachverhalte.

14 Die Indefinitpronomen (Los pronombres indefinidos)

14.1 *algo – nada*

¿ Hay **algo** encima de la mesa? *(Liegt etwas auf dem Tisch?)*
No, no hay **nada**. *(Nein, da liegt nichts.)*
Aber: No, **nada hay**. (Vgl. 5.2.)

- ***algo de … / nada de …***

  Hablo español y **algo de** italiano. *(Ich spreche Spanisch und ein bisschen Italienisch.)*
  No tengo **nada de** sueño. *(Ich bin überhaupt nicht müde.)*

14.2 *alguien – nadie*

¿ Hay **alguien** en la calle? *(Ist jemand auf der Straße?)*
No, no hay **nadie**. *(Nein, da ist niemand.)*
Aber: No, **nadie** hay. (Vgl. 5.2.)

14.3 *alguno – ninguno*

	männlich	weiblich
Sing.	**algún** libro / **alguno** **ningún** libro / **ninguno**	**alguna** casa / **alguna** **ninguna** casa / **ninguna**
Plur.	**algunos** libros / **algunos**	**algunas** casas / **algunas**

Sowohl *alguno* als auch *ninguno* können ein Substantiv begleiten oder es vertreten. Wenn sie vor einem Substantiv im Maskulinum Singular stehen, verlieren sie das -o und werden mit Akzent geschrieben:

¿ Hay **algún** supermercado por aquí? *(Gibt es einen Supermarkt hier in der Nähe?)*
No, no hay **ninguno**. *(Nein, es gibt keinen.)*
No tengo **ningún** sello. – Espera, yo creo que tengo **alguno**. *(Ich habe keine Briefmarke. – Warte mal, ich glaube, dass ich eine habe.)*
En esa ciudad hay **algunas** casas de madera. *(In dieser Stadt gibt es einige Holzhäuser.)*

Bitte beachten Sie: **No** lo sabe ninguno de ellos. Ninguno de ellos lo sabe. (Vgl. 5.2.)

- ***alguno de ... / ninguno de ...***

¿Te gusta **alguna de** las dos cosas? *(Gefällt dir eine der beiden Sachen?)*
No, no me gusta **ninguna de** las dos. *(Nein, mir gefällt keine von beiden.)*

14.4 *mucho /-a /-os /-as*

mucho sueño	mucha hambre
muchos monumentos	muchas ganas

Tengo **mucha** hambre. *(Ich habe großen Hunger.)*
No tengo **muchas** ganas de salir. *(Ich habe keine große Lust wegzugehen.)*

15 Das Relativpronomen *que* (El pronombre relativo *que*)

15.1

Rafael es un chileno **que** vive en Zaragoza.
(Rafael ist ein Chilene, der in Zaragoza wohnt.) – ,,wer?"

El español es una lengua **que** se habla en muchos países.
(Spanisch ist eine Sprache, die in vielen Ländern gesprochen wird.) – ,,was?"

Rafael es un chileno **que** conozco desde hace años.
(Rafael ist ein Chilene, den ich seit Jahren kenne.) – ,,wen?"

El español es la lengua **que** hablan los argentinos.
(Spanisch ist die Sprache, die die Argentinier sprechen.) – ,,was?"

Das Relativpronomen *que* verwendet man für Personen und Sachen, sowohl im Singular als auch im Plural, und sowohl als Subjekt (wer oder was?) als auch als direktes Objekt (wen oder was?).
Einfacher geht's nicht!

15.2 *lo que*

Lo que más me gusta de mi trabajo es el horario.
(Was mir an meiner Arbeit am besten gefällt, sind die Arbeitszeiten.)

El sueldo es **lo que** me gusta menos.
(Das Gehalt ist das, was mir weniger gefällt.)

Lo que bezieht sich auf Sachverhalte.

16 Fragewörter

Bei Fragen …

nach Personen	**¿ Quién?** **¿ Quiénes?**	+ Verb	*wer?*	● ¿ **Quién** es? – Es Juan, mi profesor.
nach Gegenständen	**¿ Qué?**	+ Verb + Subst.	*was?* *welche/-r/-s/ was für ein/e?*	● ¿ **Qué** estudias? – Matemáticas. ● ¿**Qué** lenguas hablas? – Hablo alemán y español.
nach Personen und Gegenständen	**¿ Cuál?** **¿ Cuáles?**	+ Verb	*welche/-r/-s*	● ¿ **Cuál** es tu padre? – Mi padre es el rubio. ● ¿ **Cuál** es la moneda de …? – Es el peso.
nach dem Ort	**¿ Dónde?**	+ Verb	*wo?*	● ¿ **Dónde** vives? – En la calle Alcalá.
nach der Zeit	**¿ Cuándo?**	+ Verb	*wann?*	● ¿ **Cuándo** sale el tren? – Hoy, a las siete.
nach der Menge	**¿ Cuánto/-a/ -os/-as?**	+ Verb + Subst.	*wie viel?* *wie viel/ wie viele*	● ¿ **Cuánto** cuesta este libro? – 2000 pesetas. ● ¿ **Cuántos** años tienes? – Tengo veinte años.
nach der Art und Weise	**¿ Cómo?**	+ Verb	*wie?*	● ¿ **Cómo** es tu madre? – Es alta y rubia.
nach dem Grund	**¿ Por qué?**	+ Verb	*warum?*	● ¿ **Por qué** estudias español? – Porque me gusta.

⚠ Fragewörter bekommen immer einen Akzent: *cuál, por qué …*
Viele von diesen Fragepronomen können auch mit Präpositionen stehen und dadurch verschiedene Bedeutungen haben: *a dónde* (wohin), *de dónde* (woher), *a quién* (wem, wen), *de quién* (von wem), …

Achtung – *por qué* = „warum?" wird getrennt geschrieben, *porque* = „weil" dagegen zusammen!

17 Der Ausrufesatz

¡Qué! kann für Ausrufe verwendet werden:

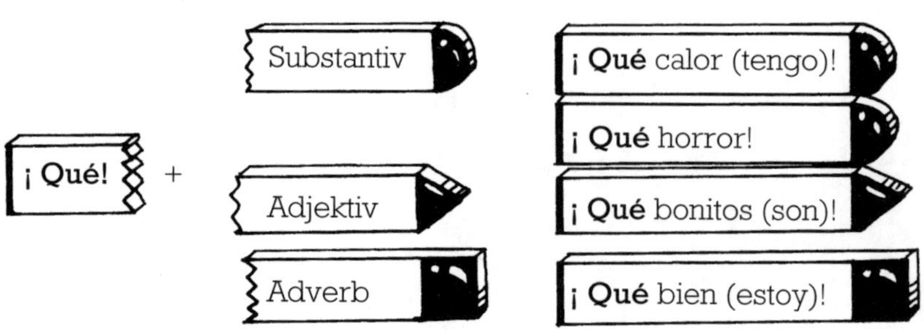

(Was für eine Hitze!)
(Wie schrecklich!)
(Wie schön (sie sind)!)
(Wie gut (es mir geht)!)

18 Aussprache

18.1 Vokale

a	(a)	[a]	wie in „alt“: *sala, mapa, mala.*
e	(e)	[ɛ]	halboffen, ähnlich wie das kurze „ä“ in „Bäcker“: *bebe, desde, éste.*
i	(i)	[i]	wie in „Bitte“: *mil, vivir, lila.*
o	(o)	[ɔ]	offene Aussprache wie in „offen“: *otro, oro, bajo.*
u	(u)	[u]	geschlossen, wie in „Buch“: *uno, último, único.*

⇨ Im Spanischen gibt es keine Umlaute, wohl aber Vokalverbindungen (Diphthonge). Hier die häufigsten:

ai	v**ai**s	**ia**	Galic**ia**
au	**au**tor	**ie**	m**ie**do
ei [ɛi]	*ver**éi**s	**io**	mister**io**so
eu [ɛu]	***Eu**ropa	**iu**	c**iu**dad
oi	**oi**go	**ui**	c**ui**dar

* Das e bleibt hier als (offenes) e erhalten, anders als im Deutschen.

18.2 Konsonanten

Viele Konsonanten (Mitlaute) des Spanischen werden ähnlich wie im Deutschen gesprochen. Andere spricht man anders aus (ch, h, j, v, z, ...). Einige Konsonanten des Spanischen, beispielsweise ñ oder ll, gibt es im Deutschen überhaupt nicht.

b	(be)	[b]	1. Im absoluten Anlaut sowie nach m wie in „Baum“: *Barcelona, también, cambiar.* 2. Zwischen Vokalen und vor und nach Konsonanten (außer m) ein Reibelaut: *abogado, escribir, temblar.*
c	(ce)	[k]	1. Vor a, o, u und vor Konsonanten wie k in „Kopf“, aber nicht aspiriert: *casa, con, clavel.*
		[θ]	2. Vor e, i stimmloser Lispellaut wie englisches th in „thank“: *cerca, cinco, cenar.*
ch	(che)	[tʃ]	Etwa wie tsch in „Pritsche“: *chaqueta, chico, chiste.*
d	(de)	[d]	1. Im absoluten Anlaut und nach l und n wie d in „Dach“: *cuando, espalda, de.* 2. In allen anderen Fällen, besonders zwischen Vokalen, ähnlich einem sehr weichen, stimmhaften englischen th in „this“: *nada, madre, adiós.* 3. Im Wortauslaut sehr schwach: *salud, ciudad, Madrid.*
f	(efe)	[f]	Wie f in „Feld“: *falso, café, preferir.*
g	(ge)	[g]	1. Vor a, o, u und Konsonanten ähnlich dem deutschen g in „Gabe“: *gato, griego, guapo.*
		[x]	2. Vor e, i wie ch in „doch“: *gimnasia, gente, gemelo.* 3. Soll das g auch vor e, i der g-Laut von „Gabe“ sein (und nicht der ch-Laut von „doch“), so wird ein stummes u eingefügt: *guitarra, guerra, guía.*
h	(hache)		Ist immer stumm: *hablar, hábito, hora.*
j	(jota)	[x]	Wird wie g vor e, i gesprochen, es kann aber vor allen Vokalen stehen: *jamón, joven, judío.*
k	(ka)	[k]	Wird wie c vor a, o, u gesprochen: *kilo, kilómetro, kiosco.*
l	(ele)	[l]	Entspricht l in „Lager“: *lavar, lejos.*

ll	(elle)	[ʎ]	Ähnlich der Verbindung l + j im Deutschen „Familie“: *calle, llegar, lleno.*
m	(eme)	[m]	Wie m in „Mutter“: *manzana, mano, mapa.*
n	(ene)	[n] [m]	1. Meistens wie im Deutschen: *novela, nube, naranja.* 2. Vor b, v, p, f wie m: *un buen verano, confianza.*
ñ	(eñe)	[ɲ]	Enge Verbindung zwischen n + j. Ähnlich wie gn in „Champagner“: *niño, año, mañana.*
p	(pe)	[p]	Wie das deutsche p, es wird aber nicht aspiriert: *paella, paisaje, para.*
q	(cu)	[k]	Wird immer zusammen mit einem u verwendet, dabei ist das u stumm. Steht nur vor e und i: *que, quedar, quizás.*
r	(erre)	[rr] [r]	1. Bei rr-Schreibung, am Wortanfang und nach l, n, s Zungenspitzen-r stark gerollt: *perro, radio, alrededor.* 2. In den anderen Fällen ein einfach gerolltes Zungenspitzen-r: *calor, carne, para.*
s	(ese)	[s] [z]	1. Als Anlaut sowie zwischen Vokalen stimmlos gesprochen wie in „Messe“: *casado, sábado, ése.* 2. Vor stimmhaften Konsonanten (b, d, g, l, m, n, r, v) wird es stimmhaft gesprochen wie in „sehen“: *mismo, desde, dos veces.*
t	(te)	[tl	Ähnlich dem deutschen t. Es wird aber nicht aspiriert: *tener, todo, título.*
v	(uve)	[b]	Hat die gleiche Aussprache wie b: *vacaciones, vestido, viaje.*
w	(uve doble)		Kommt nur in Fremdwörter vor und wird meistens wie b ausgesprochen: *Wagner, water.*
x	(equis)	[gs] [s]	1. Zwischen Vokalen wird wie gs/ks gesprochen: *taxi, examen, exacto.* 2. Vor Konsonanten wird wie ein stimmloses s gesprochen: *excelente, explicar, extranjero.*
y	(i griega)	[i] [j]	1. Am Wortende wie i gesprochen: *hay, muy, voy.* 2. In den anderen Fällen wie ein deutsches j: *mayo, yo, ya.*
z	(zeta)	[θ]	Wird wie c vor e, i ausgesprochen: *azúcar, zona, zapato.*

19 Betonung und Akzentsetzung

Wörter, die auf Vokal (a, e, i, o, u), auf -n oder -s enden, werden auf der vorletzten Silbe betont:

ca̧sa, noso̧tros

Wörter, die auf Konsonant (außer -n oder -s) enden, werden auf der letzten Silbe betont:

hotȩl, canta̧r

Wörter, die eine andere Betonung haben, brauchen einen Akzent:

allí̧, telȩ́fono

⚠ Zur Unterscheidung der Bedeutung bei einsilbigen Wörtern wird ebenfalls der Akzent geschrieben:

mi libro (mein Buch) – Habla de **mí**. *(Sie spricht über mich.)*
el color (die Farbe) – Voy con **él**. *(Ich gehe mit ihm.)*
¿Quieres **té**? (Möchtest du Tee?) – Cómo **te** llamas? *(Wie heißt du?)*

Alle Fragewörter tragen einen Akzent: **¿ qué?, ¿ cuál?, ¿quién?, ...**

Verbtabellen

Regelmäßige Verben

CENAR

Präsens	*Indefinido*	*Futur*	*Imperativ*
ceno	cené	cenaré	cena
cenas	cenaste	cenarás	cene
cena	cenó	cenará	cenad
cenamos	cenamos	cenaremos	
cenáis	cenasteis	cenaréis	
cenan	cenaron	cenarán	
Gerundium cenando	*Partizip* cenado		

VENDER

Präsens	*Indefinido*	*Futur*	*Imperativ*
vendo	vendí	venderé	vende
vendes	vendiste	venderás	venda
vende	vendió	venderá	vended
vendemos	vendimos	venderemos	
vendéis	vendisteis	venderéis	
venden	vendieron	venderán	
Gerundium vendiendo	*Partizip* vendido		

VIVIR

Präsens	*Indefinido*	*Futur*	*Imperativ*
vivo	viví	viviré	vive
vives	viviste	vivirás	viva
vive	vivió	vivirá	vivid
vivimos	vivimos	viviremos	
vivís	vivisteis	viviréis	
viven	vivieron	vivirán	
Gerundium viviendo	*Partizip* vivido		

Reflexive Verben

LEVANTARSE

Präsens	*Indefinido*	*Futur*	*Imperativ*
me levanto	me levanté	me levantaré	levántate
te levantas	te levantaste	te levantarás	levántese
se levanta	se levantó	se levantará	levantaos
nos levantamos	nos levantamos	nos levantaremos	
os levantáis	os levantasteis	os levantaréis	
se levantan	se levantaron	se levantarán	
Gerundium levantándome/te/se etc.	*Partizip* levantado		

Unregelmäßige Verben

Diese Tabelle enthält die unregelmäßigen Verben von *El Curso de Español*, Band 1, auch wenn sich deren Vorkommen auf nur eine Form beschränkt. Die unregelmäßigen Formen sind in Fettdruck hervorgehoben.

ACORDARSE *(s. erinnern) siehe* encontrar

ACOSTARSE *(s. schlafen legen) siehe* encontrar

ACTUAR *(auftreten) siehe* continuar

ALMORZAR *(frühstücken) siehe* encontrar
(*1. Pers. Sing. Indef. wie* utilizar)

ANDAR *(gehen)*

Präsens	*Indefinido*	*Futur*
ando	**anduve**	andaré
andas	**anduviste**	
anda	**anduvo**	*Imperativ*
andamos	**anduvimos**	anda
andáis	**anduvisteis**	ande
andan	**anduvieron**	andad

Gerundium andando *Partizip* andado

APAGAR *(ausmachen) siehe* pagar

BUSCAR *(suchen)*

Präsens	*Indefinido*	*Futur*
busco	**busqué**	buscaré
buscas	buscaste	
busca	buscó	*Imperativ*
buscamos	buscamos	busca
buscáis	buscasteis	**busque**
buscan	buscaron	buscad

Gerundium buscando *Partizip* buscado

Ebenso comunicar, dedicarse, equivocarse, explicar, marcar, pescar, practicar, publicar, significar, tocar

CAER *(fallen)*

Präsens	*Indefinido*	*Futur*
caigo	caí	caeré
caes	caíste	
cae	**cayó**	*Imperativ*
caemos	caímos	cae
caéis	caísteis	**caiga**
caen	cayeron	caed

Gerundium **cayendo** *Partizip* caído

CALENTAR *(wärmen) siehe* pensar

CERRAR *(schließen) siehe* pensar

COCER *(kochen) siehe* mover
(*1. Pers. Sing. Präs.* cuezo)

COGER *(nehmen)*

Präsens	*Indefinido*	*Futur*
cojo	cogí	cogeré
coges	cogiste	
coge	cogió	
		Imperativ
cogemos	cogimos	coge
cogéis	cogisteis	**coja**
cogen	cogieron	coged

Gerundium cogiendo *Partizip* cogido

Ebenso proteger, recoger

COLGAR *(aufhängen) siehe* encontrar
(*1. Pers. Sing. Indef. wie* pagar)

COMUNICAR *(telefonieren) siehe* buscar

CONDUCIR *(fahren)*

Präsens	*Indefinido*	*Futur*
conduzco	**conduje**	conduciré
conduces	**condujiste**	
conduce	**condujo**	*Imperativ*
conducimos	**condujimos**	conduce
conducís	**condujisteis**	**conduzca**
conducen	**condujeron**	conducid

Gerundium conduciendo *Partizip* conducido

Ebenso traducir

CONOCER *(kennen)*

Präsens	*Indefinido*	*Futur*
conozco	conocí	conoceré
conoces	conociste	
conoce	conoció	*Imperativ*
conocemos	conocimos	conoce
conocéis	conocisteis	**conozca**
conocen	conocieron	conoced

Gerundium conociendo *Partizip* conocido

Ebenso desaparecer, nacer, ofrecer

CONSEGUIR *(zustande bringen) siehe* seguir

CONTAR *(berichten) siehe* encontrar

CONTINUAR *(weitermachen)*

Präsens	*Indefinido*	*Futur*
continúo	continué	continuaré
continúas	continuaste	
continúa	continuó	*Imperativ*
continuamos	continuamos	**continúa**
continuáis	continuasteis	**continúe**
continúan	continuaron	continuad

Gerundium continuando *Partizip* continuado

Ebenso actuar

CONVENIR *(angebracht sein) siehe* venir

CORREGIR *(korrigieren) siehe* pedir *(1. Pers. Sing. Präs. wie* dirigir)

COSTAR *(kosten) siehe* encontrar

CREER *(glauben)*

Präsens	*Indefinido*	*Futur*
creo	creí	creeré
crees	creíste	
cree	**creyó**	*Imperativ*
creemos	creímos	cree
creéis	creísteis	crea
creen	**creyeron**	creed

Gerundium **creyendo** *Partizip* creído

Ebenso leer

CRUZAR *(überqueren) siehe* utilizar

DAR *(geben)*

Präsens	*Indefinido*	*Futur*
doy	**di**	daré
das	**diste**	
da	**dio**	*Imperativ*
damos	**dimos**	da
dais	**disteis**	**dé**
dan	**dieron**	dad

Gerundium dando *Partizip* dado

DECIR *(sagen)*

Präsens	*Indefinido*	*Futur*
digo	**dije**	**diré**
dices	**dijiste**	
dice	**dijo**	*Imperativ*
decimos	**dijimos**	**di**
decís	**dijisteis**	**diga**
dicen	**dijeron**	decid

Gerundium **diciendo** *Partizip* **dicho**

DEDICARSE *(s. beschäftigen mit) siehe* buscar

DESAPARECER *(verschwinden) siehe* conocer

DESCUBRIR *(entdecken) siehe* vivir
(*Partizip* descubierto)

DESPEDIRSE *(s. verabschieden) siehe* pedir

DIRIGIR *(leiten)*

Präsens	*Indefinido*	*Futur*
dirijo	dirigí	dirigiré
diriges	dirigiste	
dirige	dirigió	*Imperativ*
dirigimos	dirigimos	dirige
dirigís	dirigisteis	**dirija**
dirigen	dirigieron	dirigid

Gerundium dirigiendo *Partizip* dirigido

DOLER *(schmerzen) siehe* mover

DORMIR *(schlafen)*

Präsens	*Indefinido*	*Futur*
duermo	dormí	dormiré
duermes	dormiste	
duerme	**durmió**	*Imperativ*
dormimos	dormimos	**duerme**
dormís	dormisteis	**duerma**
duermen	**durmieron**	dormid

Gerundium **durmiendo** *Partizip* dormido

Ebenso morir

EMPEZAR *(anfangen) siehe* pensar *(1. Pers. Sing. Indef. wie* utilizar)

ENCENDER *(anmachen) siehe* entender

ENCONTRAR *(begegnen, treffen)*

Präsens	*Indefinido*	*Futur*
encuentro	encontré	encontraré
encuentras	encontraste	
encuentra	encontró	*Imperativ*
encontramos	encontramos	**encuentra**
encontráis	encontrasteis	**encuentre**
encuentran	encontraron	encontrad

Gerundium encontrando *Partizip* encontrado

Ebenso acordarse, acostarse, almorzar, colgar, contar, costar, soñar

ENTENDER *(hören, verstehen)*

Präsens	*Indefinido*	*Futur*
entiendo	entendí	entenderé
entiendes	entendiste	
entiende	entendió	*Imperativ*
entendemos	entendimos	**entiende**
entendéis	entendisteis	**entienda**
entienden	entendieron	entended

Gerundium entendiendo *Partizip* entendido

Ebenso encender, perder, verter

ENTREGAR *(überreichen) siehe* pagar

EQUIVOCARSE *(s. irren) siehe* buscar

ESCRIBIR *(schreiben) siehe* vivir (*Partizip* escrito)

ESQUIAR *(Ski fahren)*

Präsens	*Indefinido*	*Futur*
esquío	esquié	esquiaré
esquías	esquiaste	
esquía	esquió	*Imperativ*
esquiamos	esquiamos	**esquía**
esquiáis	esquiasteis	**esquíe**
esquían	esquiaron	esquiad

Gerundium esquiando *Partizip* esquiado

ESTAR *(sein)*

Präsens	*Indefinido*	*Futur*
estoy	**estuve**	estaré
estás	**estuviste**	
está	**estuvo**	*Imperativ*
estamos	**estuvimos**	**está**
estáis	**estuvisteis**	**esté**
están	**estuvieron**	estad

Gerundium estando *Partizip* estado

EXPLICAR *(erklären) siehe* buscar

HABER *(haben)*

Präsens	*Indefinido*	*Futur*
he	**hube**	**habré**
has	**hubiste**	
ha	**hubo**	*Imperativ*
hemos	**hubimos**	**he**
habéis	**hubisteis**	**haya**
han	**hubieron**	habed

Gerundium habiendo *Partizip* habido

HACER *(machen)*

Präsens	*Indefinido*	*Futur*
hago	**hice**	haré
haces	**hiciste**	
hace	**hizo**	*Imperativ*
hacemos	**hicimos**	**haz**
hacéis	**hicisteis**	**haga**
hacen	**hicieron**	haced

Gerundium haciendo *Partizip* **hecho**

HERVIR *(kochen) siehe* sentir

INTERVENIR *(mitwirken) siehe* venir

IR *(gehen)*

Präsens	*Indefinido*	*Futur*
voy	**fui**	iré
vas	**fuiste**	
va	**fue**	*Imperativ*
vamos	**fuimos**	**ve**
vais	**fuisteis**	**vaya**
van	**fueron**	id

Gerundium **yendo** *Partizip* ido

JUGAR *(spielen)*

Präsens	*Indefinido*	*Futur*
juego	**jugué**	**jugaré**
juegas	jugaste	
juega	jugó	*Imperativ*
jugamos	jugamos	**juega**
jugáis	jugasteis	**juegue**
juegan	jugaron	jugad

Gerundium jugando *Partizip* jugado

LEER *(lesen) siehe* creer

LLEGAR *(ankommen) siehe* pagar

LLOVER *(regnen) siehe* mover *(nur 3. Pers. Sing.)*

MANTENER *(pflegen, führen) siehe* tener

MARCAR *(markieren) siehe* buscar

MORIR *(sterben) siehe* dormir (*Partizip* muerto)

MOVER *(s. bewegen)*

Präsens	*Indefinido*	*Futur*
muevo	moví	moveré
mueves	moviste	
mueve	movió	*Imperativ*
movemos	movimos	**mueve**
movéis	movisteis	**mueva**
mueven	movieron	moved

Gerundium moviendo *Partizip* movido

Ebenso cocer, doler, llover, soler

NACER *(geboren werden) siehe* conocer

NEVAR *(schneien) siehe* pensar *(nur 3. Pers. Sing.)*

OFRECER *(anbieten) siehe* conocer

OÍR *(hören)*

Präsens	*Indefinido*	*Futur*
oigo	oí	oiré
oyes	oíste	
oye	**oyó**	*Imperativ*
oímos	oímos	**oye**
oís	oísteis	**oiga**
oyen	**oyeron**	oíd

Gerundium **oyendo** *Partizip* oído

PAGAR *(bezahlen)*

Präsens	*Indefinido*	*Futur*
pago	**pagué**	pagaré
pagas	pagaste	
paga	pagó	*Imperativ*
pagamos	pagamos	paga
pagáis	pagasteis	**pague**
pagan	pagaron	pagad

Gerundium pagando *Partizip* pagado

Ebenso apagar, entregar, llegar

PEDIR *(bitten)*

Präsens	*Indefinido*	*Futur*
pido	pedí	pediré
pides	pediste	
pide	**pidió**	*Imperativ*
pedimos	pedimos	**pide**
pedís	pedisteis	**pida**
piden	**pidieron**	pedid

Gerundium **pidiendo** *Partizip* pedido

Ebenso corregir, despedirse, repetir, vestirse

PENSAR *(denken)*

Präsens	*Indefinido*	*Futur*
pienso	pensé	pensaré
piensas	pensaste	
piensa	pensó	*Imperativ*
pensamos	pensamos	**piensa**
pensáis	pensasteis	**piense**
piensan	pensaron	pensad

Gerundium pensando *Partizip* pensado

Ebenso calentar, cerrar, empezar, nevar, regar, sentarse, temblar

PERDER *(verlieren) siehe* entender

PESCAR *(fischen) siehe* buscar

PODER *(können)*

Präsens	*Indefinido*	*Futur*
puedo	**pude**	**podré**
puedes	**pudiste**	
puede	**pudo**	*Imperativ*
podemos	**pudimos**	**puede**
podéis	**pudisteis**	**pueda**
pueden	**pudieron**	poded

Gerundium **pudiendo** *Partizip* podido

PONER *(setzen, legen, stellen)*

Präsens	*Indefinido*	*Futur*
pongo	**puse**	**pondré**
pones	**pusiste**	
pone	**puso**	*Imperativ*
ponemos	**pusimos**	**pon**
ponéis	**pusisteis**	**ponga**
ponen	**pusieron**	poned

Gerundium poniendo *Partizip* **puesto**

Ebenso proponer

PRACTICAR *(üben) siehe* buscar

PREFERIR *(vorziehen) siehe* sentir

PROPONER *(vorschlagen) siehe* poner (*Partizip* propuesto)

PROTEGER *(beschützen) siehe* coger

PUBLICAR *(veröffentlichen) siehe* buscar

QUERER *(lieben)*

Präsens	*Indefinido*	*Futur*
quiero	**quise**	**querré**
quieres	**quisiste**	
quiere	**quiso**	*Imperativ*
queremos	**quisimos**	**quiere**
queréis	**quisisteis**	**quiera**
quieren	**quisieron**	quered

Gerundium queriendo *Partizip* querido

REALIZAR *(verwirklichen) siehe* utilizar

RECHAZAR *(ablehnen) siehe* utilizar

RECOGER *(abholen) siehe* coger

REGAR *(gießen) siehe* pensar
(*1. Pers. Sing. Indef. wie* pagar)

REPETIR *(wiederholen) siehe* pedir

RESOLVER *(lösen) siehe* volver (*Partizip* resuelto)

ROMPER *(zerbrechen) siehe* vender (*Partizip* roto)

SABER *(wissen)*

Präsens	*Indefinido*	*Futur*
sé	**supe**	**sabré**
sabes	**supiste**	
sabe	**supo**	*Imperativ*
sabemos	**supimos**	**sabe**
sabéis	**supisteis**	**sepa**
saben	**supieron**	sabed

Gerundium sabiendo *Partizip* sabido

SACAR *(herausbringen, -holen) siehe* buscar

SALIR *(weggehen)*

Präsens	*Indefinido*	*Futur*
salgo	salí	**saldré**
sales	saliste	
sale	salió	*Imperativ*
salimos	salimos	**sal**
salís	salisteis	**salga**
salen	salieron	salid

Gerundium saliendo *Partizip* salido

SEGUIR *(folgen)*

Präsens	*Indefinido*	*Futur*
sigo	seguí	seguiré
sigues	seguiste	
sigue	**siguió**	*Imperativ*
seguimos	seguimos	sigue
seguís	seguisteis	**siga**
siguen	**siguieron**	seguid

Gerundium **siguiendo** *Partizip* seguido

Ebenso conseguir

SENTARSE *(s. setzen) siehe* pensar

SENTIR *(bedauern)*

Präsens	*Indefinido*	*Futur*
siento	sentí	sentiré
sientes	sentiste	
siente	**sintió**	*Imperativ*
sentimos	sentimos	**siente**
sentís	sentisteis	**sienta**
sienten	**sintieron**	sentid

Gerundium **sintiendo** *Partizip* sentido

Ebenso hervir, preferir

SER *(sein)*

Präsens	*Indefinido*	*Futur*
soy	**fui**	**seré**
eres	**fuiste**	
es	**fue**	*Imperativ*
somos	**fuimos**	sé
sois	**fuisteis**	**sea**
son	**fueron**	sed

Gerundium siendo *Partizip* sido

SIGNIFICAR *(bedeuten) siehe* buscar

SOLER *(für gewöhnlich tun)*
(unvollständiges Verb) siehe mover

SONREIR *(lächeln)*

Präsens	*Indefinido*	*Futur*
sonrío	sonreí	sonreiré
sonríes	sonreíste	
sonríe	**sonrió**	*Imperativ*
sonreímos	sonreímos	**sonríe**
sonreís	sonreísteis	**sonría**
sonríen	**sonrieron**	sonreíd

Gerundium **sonriendo** *Partizip* sonreído

SOÑAR *(träumen) siehe* encontrar

SUSTITUIR *(ersetzen)*

Präsens	*Indefinido*	*Futur*
sustituyo	sustituí	sustituiré
sustituyes	sustituiste	
sustituye	**sustituyó**	*Imperativ*
sustituimos	sustituimos	**sustituye**
sustituís	sustituisteis	**sustituya**
sustituyen	**sustituyeron**	sustituid

Gerundium **sustituyendo** *Partizip* sustituido

TEMBLAR *(zittern) siehe* pensar

TENER *(haben)*

Präsens	*Indefinido*	*Futur*
tengo	**tuve**	**tendré**
tienes	**tuviste**	
tiene	**tuvo**	*Imperativ*
tenemos	**tuvimos**	**ten**
tenéis	**tuvisteis**	**tenga**
tienen	**tuvieron**	tened

Gerundium teniendo *Partizip* tenido

Ebenso mantener

TOCAR *([Instrument] spielen) siehe* buscar

TRADUCIR *(übersetzen) siehe* conducir

TRAER *(bringen)*

Präsens	*Indefinido*	*Futur*
traigo	**traje**	traeré
traes	**trajiste**	*Imperativ*
trae	**trajo**	trae
traemos	**trajimos**	**traiga**
traéis	**trajisteis**	traed
traen	**trajeron**	

Gerundium **trayendo** *Partizip* traído

UTILIZAR *(benutzen)*

Präsens	*Indefinido*	*Futur*
utilizo	**utilicé**	utilizaré
utilizas	utilizaste	
utiliza	utilizó	*Imperativ*
utilizamos	utilizamos	utiliza
utilizáis	utilizasteis	**utilice**
utilizan	utilizaron	utilizad

Gerundium utilizando *Partizip* utilizado

Ebenso cruzar, realizar, rechazar

VENIR *(kommen)*

Präsens	*Indefinido*	*Futur*
vengo	**vine**	**vendré**
vienes	**viniste**	
viene	**vino**	*Imperativ*
venimos	**vinimos**	**ven**
venís	**vinisteis**	**venga**
vienen	**vinieron**	venid

Gerundium **viniendo** *Partizip* venido

Ebenso convenir, intervenir

VER *(sehen)*

Präsens	*Indefinido*	*Futur*
veo	vi	veré
ves	viste	
ve	vio	*Imperativ*
vemos	vimos	ve
veis	visteis	**vea**
ven	vieron	ved

Gerundium viendo *Partizip* **visto**

VERTER *(verschütten) siehe* entender

VESTIRSE *(s. anziehen) siehe* pedir

VOLVER *(zurückkehren)*

Präsens	*Indefinido*	*Futur*
vuelvo	volví	volveré
vuelves	volviste	
vuelve	volvió	*Imperativ*
volvemos	volvimos	**vuelve**
volvéis	volvisteis	**vuelva**
vuelven	volvieron	volved

Gerundium volviendo *Partizip* **vuelto**

Ebenso resolver

Verknüpfung von Lehrbuch und Arbeitsbuch

Die hier folgende Übersicht sagt Ihnen, nach welchen Abschnitten des Lehrbuchs (LB) die Übungen des Arbeitsbuchs (AB) bearbeitet werden können:

Lección 1, ¿Cómo se llama?

LB 1 → AB 1, 2, 3
2–5 → 4
6–9 → 5
10 → 6, 7
11 → 8

Lección 2, ¿De dónde es?

LB 1–6 → AB 1, 2, 7
7, 8 → 3, 4, 8, 10
9, 10, 11 → 9
12, 13, 14 → 5, 6

Lección 3, Información personal

LB 1–4 → AB 1, 2, 10
5, 6 → 3, 4
7, 8 → 7, 8, 9, 11
9, 10, 11 → 5, 6–9, 12
12, 13 → 13, 14

Lección 4, ¿Tú o usted?

LB 1, 2, 3 → AB 1, 5
4, 5, 6 → 2, 3, 6
7, 8 → 4
10 → 7, 8

Lección 5, Mi familia

LB 1–4 → AB 1–4
5–9 → 6, 8, 9, 10, 12, 13
10–15 → 5, 7, 8, 11, 14

Lección 6, Objetos

LB 1, 2, 3 → AB 1, 5
4–7 → 2, 6
8–12 → 3, 4, 5

Lección 7, Mi pueblo o mi ciudad

LB 1–6 → AB 2, 3, 6, 7
7–10 → 4
11–15 → 5, 8, 9

Lección 8, Mi casa y mi habitación

LB 1–4 → AB 3, 4, 5, 6, 9
5, 7–11 → 1, 2, 7, 8, 10

Lección 9, Lugares y horarios públicos

LB 1, 2, 3 → AB 1, 2, 3
4–11 → 4, 5, 9
12–15 → 6, 7, 8
17, 18 → 10, 11

Lección 10, Gustos

LB 1–5 → AB 1, 2, 3
6–10 → 4, 5, 7
11, 12, 13 → 6, 8

Lección 11, Un día normal

LB 1–5 → AB 1, 2, 3, 7, 10
6–9 → 4, 5, 6, 9, 10

Lección 12, El fin de semana

LB 1–4 → AB 1, 5, 6
5–8 → 2, 3, 4, 7, 8

Lección 13, El trabajo

LB 1, 2 → AB 2
3, 4 → 1, 3
5, 6, 7 → 4, 7
8–13 → 5, 6, 8, 9

Lección 14, Ha sido un día normal

LB 1–9 → AB 1–6
10, 11 → 7, 8, 9

Lección 15, ¿Qué te pasa?

LB 1–6 → AB 3, 8
7–13 → 1, 2, 4, 5, 7

Lección 16, ¿Cómo quedamos?

LB 1–5 → AB 1
6–13 → 2–12

Lección 17, Comidas

LB 1–9 → AB 1, 2
10–14 → 3–8
15, 16 → 9, 10, 11

Lección 18, Ropa

LB 1–6 → AB 1–6, 10, 13, 15
7, 8, 9 → 7, 8, 9, 11, 12, 14

Lección 19, ¡Feliz cumpleaños!

LB 1–6 → AB 2, 3
7, 8, 9, 13 → 5, 7, 8

Lección 20, De viaje

LB 1–6, 11 → AB 2, 3, 4, 9, 11
7–10 → 1, 5–8, 10, 12
11 → 4

Lección 21, Contar un viaje

LB 1–5 → AB 1–4
6–12 → 5–12

Lección 22, Planes

LB 1–7 → AB 1, 2, 7
8–11 → 3–6, 8, 9, 10

Lección 23, Permiso y favores

LB 1–5 → AB 1–4, 6
6 → 7
7, 8, 9 → 5, 8

Lección 24, Famosos

LB 1–5 → AB 1, 2, 4
6, 7, 8 → 3, 5, 6
9, 10 → 7, 8

Lección 25, Experiencias y opiniones

LB 1–5 → AB 1–4, 6–9
6, 7, 8 → 5, 10